TikTok-Übernahme 2024

In diesem Buch wird das Potenzial von Kurzvideos und Social Commerce erörtert, den Umsatz durch die E-Commerce-Dominanz von TikTok mit Shopify deutlich zu steigern.

Anna P. Moore

Alle Rechte vorbehalten. Kein Teil dieser Veröffentlichung darf ohne die vorherige schriftliche Genehmigung des Herausgebers in irgendeiner Form oder mit irgendwelchen Mitteln, einschließlich Fotokopie, Aufzeichnung oder anderen elektronischen oder mechanischen Methoden, reproduziert, verbreitet oder übertragen werden, außer im Fall kurzer Zitate in kritischen Rezensionen und bestimmten anderen nichtkommerziellen Nutzungen, die durch das Urheberrecht zulässig sind.

Copyright © Anna P. Moore, 2024.

Inhaltsverzeichnis

Kapitel eins

Kapitel Zwei

Kapitel drei

Kapitel Vier

Kapitel fünf

Kapitel eins

Einführung in den TikTok-E-Commerce

TikTok E-Commerce, das die beliebte Video-Sharing-App TikTok als wirksames Instrument für den Direktverkauf an Verbraucher nutzt, ist die Verschmelzung von Social-Media-Interaktion mit Online-Kauf. TikTok, eines der Social-Media-Netzwerke mit der schnellsten Wachstumsrate der Welt, hat sich von seinen bescheidenen Anfängen dahingehend weiterentwickelt, schnelle, amüsante Videos der Funktionen der Plattform zu teilen – wie kurze Videoinhalte, Hashtags, Live-Streaming usw interaktive Elemente – um Waren und Dienstleistungen auf einzigartige und fesselnde Weise zu präsentieren, die Benutzerinteraktion zu fördern und Transaktionen zu optimieren. TikTok E-Commerce konzentriert sich hauptsächlich auf dynamisches, optisch ansprechendes Material, das Benutzer beim Scrollen durch ihre Feeds anzieht, im Gegensatz zu herkömmlichen

E-Commerce-Websites, auf denen Kunden häufig statische Produktlisten durchsuchen.

Der Algorithmus von TikTok, der für seine Fähigkeit bekannt ist, Inhalte anzupassen und Filme basierend auf dem Geschmack bestimmter Benutzer vorzuschlagen, ist für den Erfolg von TikTok-E-Commerce-Kampagnen von entscheidender Bedeutung. Marken und Händler können ihre Zielgruppe effizient erreichen, indem sie ihre Inhalte mithilfe von Erkenntnissen über Benutzerverhalten und -präferenzen optimieren. Darüber hinaus fördert der Fokus von TikTok auf Authentizität und benutzergenerierte Inhalte die Gemeinschaft und das Vertrauen der Benutzer, was es zur perfekten Plattform für Unternehmen macht, um eine engere Verbindung zu ihren Kunden aufzubauen.

Die enorme Nutzerbasis der Plattform, die demografische und regionale Grenzen überschreitet, ihr immersives und fesselndes Nutzererlebnis und ihre hochmodernen Funktionen, die speziell für den E-Commerce entwickelt wurden, sind nur einige der Gründe für den Erfolg von TikTok E-Commerce. Darüber hinaus hat die Hinzufügung von Shopping-Funktionen zur TikTok-App, wie z. B.

einkaufbare Werbung, In-Video-Shopping-Links und die Funktion „TikTok Shop", den Kaufprozess beschleunigt und Benutzer zu Impulskäufen ermutigt.

Darüber hinaus kann man den Einfluss von TikTok auf das Verbraucherverhalten gar nicht genug betonen, da virale Herausforderungen und Trends häufig zu Nachfragespitzen nach bestimmten Unternehmen oder Artikeln führen. Dieses als „TikTok-Effekt" bekannte Phänomen hat mehreren Unternehmen sofort landesweite Aufmerksamkeit verschafft und die unübertroffene Fähigkeit der Plattform zur Steigerung von Verkäufen und Markenbekanntheit demonstriert. Abschließend: TikTok E-Commerce, das eine einzigartige Kombination aus Unterhaltung und Kreativität bietet und Handel bedeuten einen Paradigmenwechsel in der Art und Weise, wie Marken und Verkäufer online mit Kunden interagieren. TikTok E-Commerce ist in der Lage, sich zu einem wichtigen Instrument für Unternehmen zu entwickeln, die die Fähigkeit sozialer Medien nutzen möchten, um Entwicklung und Erfolg im digitalen Zeitalter voranzutreiben, da die Plattform ständig innovativ ist und sich weiterentwickelt.

Warum TikTok im Jahr 2024 für das Online-Shopping wichtig sein wird

Für Unternehmen, die in einer mörderischen Branche erfolgreich sein wollen, ist es wichtig, in der sich ständig verändernden E-Commerce-Szene einen Schritt voraus zu sein. Eine Plattform sticht im Jahr 2024 besonders als Game-Changer im Internet-Einzelhandel hervor: TikTok.

Das phänomenale Wachstum und die beispiellose Reichweite von TikTok haben es zu einem wichtigen Akteur bei der Beeinflussung des Verbraucherverhaltens und der Kaufentscheidungen gemacht. Ich habe die Gründe dafür untersucht, warum sich TikTok im Jahr 2024 zu einem wichtigen E-Commerce-Tool entwickelt hat, sowie die vielen Chancen, die es Unternehmen bietet, die ihre Online-Präsenz ausbauen und ihre Einnahmequellen optimieren möchten.

Erstens ist es unmöglich, TikToks kometenhaften Aufstieg zum Star zu ignorieren. Die Website ist seit ihrer Einführung exponentiell gewachsen, hat weltweit über Milliarden Mitglieder gewonnen und sich ihren Platz als eines der bedeutendsten Social-Media-Netzwerke der letzten zehn Jahre gesichert. Mit einer Benutzerbasis, die sowohl hinsichtlich der Demografie als auch der geografischen Region variiert, bietet TikTok Unternehmen einen unübertroffenen Zugang zu einem großen und engagierten Publikum und ist damit die perfekte Plattform für die weltweite Verbraucheransprache. Darüber hinaus bietet das einzigartige Inhaltsformat von TikTok, das aus Kurzfilmen besteht, die zwischen einigen Sekunden und einer Minute dauern, Benutzern ein fesselndes und immersives Erlebnis, das die technisch versierten Kunden von heute anspricht. Da es sich bei TikTok um eine benutzerzentrierte Plattform handelt, wird das Material priorisiert und frei mit den Benutzern geteilt, im Gegensatz zu herkömmlichen Werbeformen, die möglicherweise aufdringlich oder anstößig wirken.

E-Commerce-Unternehmen haben jetzt eine fantastische Chance, ihre Waren und Dienstleistungen auf einzigartige Weise hervorzuheben, die die Aufmerksamkeit ihrer Zielgruppe auf sich ziehen und erfolgreich aus der Masse hervorstechen. Darüber hinaus ist der algorithmische Scharfsinn von TikTok nicht zu überschätzen. Die Inhaltsempfehlungs-Engine von TikTok, die auf Algorithmen des maschinellen

Lernens und der künstlichen Intelligenz basiert, untersucht das Verhalten, die Vorlieben und die Interaktionen der Nutzer, um maßgeschneidertes Material bereitzustellen, das auf den Interessen einzelner Nutzer basiert. Mit anderen Worten: Unternehmen können den Algorithmus von TikTok nutzen, um ihre idealen Kunden gezielt anzusprechen und sicherzustellen, dass ihr Material im richtigen Moment die richtigen Leute erreicht, um seine Wirkung zu maximieren und Konversionen zu fördern.

Die E-Commerce-Fähigkeiten von TikTok wurden in den letzten Jahren erheblich verbessert, was zu einer größeren Reichweite und einem fesselnden Inhaltsstil führte und seine Position als dominierender Akteur im Online-Einzelhandel festigte. Mit Funktionen wie einkaufbaren Anzeigen und In-Video-Shopping-Links hat TikTok den Benutzern das Einkaufen erleichtert und die Plattform in einen virtuellen Marktplatz verwandelt, auf dem Benutzer Produkte einfach finden, durchsuchen und kaufen können. Ein solches Feature ist die „TikTok Shop"-Funktion, die es Nutzern ermöglicht, direkt in der App einzukaufen. Darüber hinaus hat der Aufstieg des

Influencer-Marketings auf TikTok die Art und Weise, wie Unternehmen mit Kunden interagieren und den Umsatz steigern, völlig verändert. E-Commerce-Unternehmen können ihren Ruf und Einfluss nutzen, um Artikel bekannter TikTok-Produzenten und Influencer mit großer und engagierter Fangemeinde legitim zu bewerben. Dadurch können sie ihre Fangemeinde effizient erreichen und den Traffic zu ihren Online-Shops steigern.

Zusammenfassend lässt sich sagen, dass TikTok im Jahr 2024 aufgrund seines explosiven Aufstiegs zum Ruhm, der unübertroffenen Reichweite, des faszinierenden Inhaltsformats, der algorithmischen Fähigkeiten und der starken E-Commerce-Fähigkeiten ein wichtiges Werkzeug für den E-Commerce sein wird. Unternehmen, die TikTok in ihre E-Commerce-Strategie integrieren, werden in den kommenden Jahren von größerer Markenbekanntheit, größerem Engagement und Umsatzwachstum profitieren, da sich die Plattform ständig weiterentwickelt und verändert.

Ein Überblick über E-Commerce auf TikTok

Überblick über die E-Commerce-Funktionen von TikTok: Eine Einführung in den E-Commerce. TikTok hat sich schnell zu einem lebendigen Ökosystem entwickelt, das soziale Interaktion gekonnt mit E-Commerce-Interessenten verbindet und über die reine Plattform für amüsante Kurzfilme hinausgeht. In dieser ausführlichen Analyse gehen wir näher auf die vielen E-Commerce-Funktionen ein, die TikTok bietet. Diese Funktionen geben Unternehmen leistungsstarke Tools an die Hand, um ihre Waren und Dienstleistungen zu vermarkten, mit ihrem Publikum zu interagieren und den Umsatz auf kreative Weise zu steigern. Die Möglichkeit für Unternehmen, ihre Profile für Produktverkäufe festzulegen und zu optimieren, ist eine der bemerkenswertesten E-Commerce-Funktionen von TikTok. Dazu gehört die Erstellung eines Geschäftskontos, das Zugriff auf zusätzliche Werbe- und Analysetools für E-Commerce-Anforderungen gewährt. Unternehmen können ihre Shops personalisieren, Produktkataloge anzeigen und über ihre Profile sogar Sonderangebote oder Werbeaktionen hervorheben.

Dadurch können Marken ein einheitliches Markenerlebnis schaffen, das Kunden dazu verleitet, die TikTok-App direkt zu erkunden und zu kaufen. TikTok bietet neben der Profilanpassung eine Reihe interaktiver Elemente, die das Einkaufserlebnis der Benutzer verbessern sollen. Unternehmen können beispielsweise In-Video-Kaufschaltflächen nutzen, mit denen Benutzer auf in Filmen gezeigte Artikel klicken und diese ganz einfach kaufen können, ohne die App jemals verlassen zu müssen. In ähnlicher Weise ermöglicht Shoppable Advertising Unternehmen, ihre Waren über gesponserte Inhalte zu bewerben, die Links enthalten, auf die Zuschauer klicken können, um Einkäufe zu tätigen, wodurch TikTok in einen Online-Shop umgewandelt wird, in dem Benutzer problemlos Dinge kaufen können.

Auch auf TikTok ist Live-Streaming zu einer wirkungsvollen E-Commerce-Strategie geworden. Es ermöglicht Unternehmen, in Echtzeit mit ihrem Publikum zu kommunizieren und Themen über interaktive Frage-und-Antwort-Sitzungen oder Demos hervorzuheben. Unternehmen können die Zuschauer durch den Einsatz von Tools wie Einkaufsaufklebern und Produktkennzeichnung während des Live-Streamings dazu ermutigen,

Dinge direkt während der Übertragung zu kaufen. Dies erzeugt ein Gefühl der Dringlichkeit und fördert Impulskäufe. Darüber hinaus ist die algorithmische Empfehlungsmaschine von TikTok ein wichtiger Bestandteil des E-Commerce und unterstützt Unternehmen dabei, ihre Zielgruppe effektiv und präzise zu erreichen. Der Algorithmus von TikTok ermittelt die Interessen jedes Benutzers, indem er dessen Verhalten, Vorlieben und Interaktionen untersucht. Dies erhöht die Chance, dass Benutzer mit den Inhalten interagieren und konvertieren. Dadurch können Unternehmen ihre Inhalte so anpassen, dass sie die gewünschte Kundschaft ansprechen und ihren E-Commerce-Kampagnen die bestmögliche Präsenz und Wirkung verleihen.

Um das Potenzial der Plattform weiter auszubauen, entwickelt TikTok neben diesen grundlegenden Services immer wieder weitere E-Commerce-Services. Mit der Einführung der „TikTok Shop"-Funktion steht den Nutzern beispielsweise jetzt ein eigener Bereich zur Verfügung, in dem sie Waren ihrer bevorzugten Marken und Schöpfer finden und kaufen können, was Unternehmen neue Möglichkeiten eröffnet, ihre

Waren zu vermarkten und den Umsatz zu steigern. Zusammenfassend lässt sich sagen, dass die umfangreichen E-Commerce-Funktionen von TikTok Unternehmen unübertroffene Chancen bieten, mit ihrer Zielgruppe in Kontakt zu treten, ihre Waren auszustellen und ihren Umsatz durch kreative Ansätze zu steigern. Mithilfe des leistungsstarken Algorithmus, der interaktiven Elemente, des Live-Streamings und der benutzerdefinierten Profile von TikTok können Unternehmen fesselnde und immersive Einkaufserlebnisse schaffen, die eine Verbindung zu den Kunden herstellen und spürbare Ergebnisse liefern. Unternehmen, die diese Funktionen übernehmen, werden von einer verbesserten Markenbekanntheit, mehr Engagement und einem Umsatzwachstum in der sich ständig verändernden Welt des Online-Shoppings profitieren, da TikTok seine E-Commerce-Funktionen weiter entwickelt und erweitert.

Die Stärke zweier Titanen nutzen: Eine eingehende Untersuchung von Shopify und TikTok

Das dynamische Paar Shopify und TikTok sorgt in der florierenden Welt des E-Commerce für Aufsehen. Dieses ausführliche Tutorial untersucht ihre Synergien und wie Shopify es Unternehmen ermöglicht, die enorme Reichweite und das Engagement-Potenzial von TikTok zu nutzen, um ihren E-Commerce und ihre Bemühungen auf ein neues Niveau zu bringen. Shopify: Der komplette E-Commerce-Gigant Shopify ist eine voll ausgestattete E-Commerce-Plattform, die Unternehmen alle Ressourcen bietet, die sie für die Einrichtung und den Betrieb ihrer Online-Shops benötigen. Hier ist ein Beispiel dessen, was Shopify zu bieten hat:

Mühelose Storefront-Erstellung: Erstellen Sie einen attraktiven, intuitiven Online-Shop, der Ihre Marke verkörpert. Mit Shopify können Sie dank der großen Auswahl an konfigurierbaren Themes und benutzerfreundlichen Bearbeitungstools einen tollen Shop einrichten, ohne viel Code zu kennen.
Bestandsverwaltung: Verwalten Sie effektiv den Bestand Ihrer Produkte. Behalten Sie den Lagerbestand im Auge, erhalten Sie Benachrichtigungen, wenn die Vorräte zur Neige

gehen, und erleichtern Sie das Hinzufügen neuer Waren zu Ihrem Unternehmen.

Zahlungsabwicklung: Kunden können dank der nahtlosen Integration von Shopify mit einer Reihe sicherer Zahlungsgateways problemlos mit den von ihnen gewählten Zahlungsmethoden bezahlen.

Marketing- und Vertriebstools: Nutzen Sie die integrierten Marketing- und Vertriebstools, um Rabattgutscheine zu verschenken, gezielte Werbekampagnen durchzuführen und den Erfolg Ihrer Marketinginitiativen zu überwachen.

Auftragsabwicklung: Beaufsichtigen Sie effektiv den Ablauf der Auftragsabwicklung. Um sicherzustellen, dass Ihre Kunden ihre Bestellungen pünktlich erhalten, drucken Sie Versandetiketten, erstellen Sie Rechnungen und überwachen Sie den Bestellstatus.

Customer Relationship Management (CRM): Um vergangene Einkäufe zu überwachen, Kundeninteraktionen zu verwalten und das Einkaufserlebnis anzupassen, bietet Shopify grundlegende CRM-Funktionen.

Der Aufstieg des E-Commerce mit TikTok: Ein Weg zu Millionen Die riesige Social-Networking-Site TikTok, bekannt für ihre kurzen Videoinhalte, hat sich zu einer

leistungsstarken E-Commerce-Plattform entwickelt. Dies ist der Grund, warum:
Riesige Nutzerbasis: Mit Milliarden aktiver Nutzer weltweit bietet TikTok einen riesigen potenziellen Markt für Ihre Waren.
Sehr engagiertes Publikum: Benutzer von TikTok sind dafür bekannt, sehr engagiert zu sein, sich aktiv mit Material auseinanderzusetzen, mit Trends Schritt zu halten und sich über neue Produkte zu informieren.
Video-Storytelling in Kurzform: Diese Art des Video-Storytellings ermöglicht es, überzeugende Geschichten durch einfallsreiche und fesselnde Produktdemos, Lektionen und Blicke hinter die Kulissen zu vermitteln, die den Zuschauer in den Bann ziehen und bei ihm bleiben.
Influencer-Marketing-Powerhouse: TikTok ist ein Zufluchtsort für Influencer, die Ihre Waren an ihre treuen Fangemeinden vermarkten und so den Umsatz und die Markenbekanntheit steigern können. Ein dynamisches und geselliges Einkaufserlebnis wird durch die Live-Stream-Shopping-Funktionen gefördert, die einzigartige Angebote beinhalten , interaktive Frage-und-Antwort-Sitzungen und Produktdemos in Echtzeit.

Das Power-Paar: Shopify und TikTok

Shopify und TikTok haben eine starke Zusammenarbeit geschmiedet, die es Unternehmen ermöglicht, ihre Online-Shops einfach mit der dynamischen E-Commerce-Plattform TikTok zu verbinden. Dies bedeutet Erfolg wie folgt:

Mühelose Produktsynchronisierung: Mit der Shopify-App für TikTok können Sie Ihren Produktkatalog ganz einfach aus Ihrem Shopify-Shop mit Ihrem TikTok-Profil synchronisieren. Dies garantiert eine stets aktuelle Produktinformation und macht eine menschliche Dateneingabe überflüssig.

Einkaufbare Videoanzeigen: Erstellen Sie auffällige Videoanzeigen, die Ihre Waren hervorheben, und integrieren Sie sie dann nahtlos in Ihren TikTok-Inhaltsplan. Wenn Zuschauer auf die Anzeige klicken, werden sie direkt zu Ihrem Shopify-Shop weitergeleitet, wo sie ihren Kauf problemlos abschließen können.

Analysen und Conversion-Tracking: Überwachen Sie den Erfolg Ihrer TikTok-Marketingkampagnen. Shopify bietet Ihnen nützliche Informationen darüber, wie sich die Verkäufe Ihrer TikTok-Präsenz auf Ihr Online-Geschäft auswirken.

Optimierte Auftragsverwaltung: Kontrollieren Sie jede Bestellung von einem zentralen Ort aus, egal ob sie aus Ihrem Shopify-Shop oder Ihrem TikTok-Profil kommt. Dadurch werden die Auftragsabwicklung und die Bestandskontrolle vereinfacht.

Fortgeschrittene Erfolgsstrategien: Über die Grundlagen hinaus Obwohl die Shopify-App einen guten Ausgangspunkt bietet, werden Ihnen die folgenden zusätzlichen Taktiken dabei helfen, auf TikTok erfolgreicher zu sein:
Material ist König: Stellen Sie einzigartiges, interessantes TikTok-Material bereit, das Ihre Zielgruppe anspricht. Gehen Sie über Standardproduktpräsentationen hinaus und fesseln Sie die Zuhörer mit Anekdoten, nützlichen Demonstrationen und humorvollen oder zeitgemäßen Herausforderungen.

Akzeptieren Sie benutzergenerierte Inhalte (UGC): Motivieren Sie Kunden, Medien bereitzustellen, die Ihre Angebote hervorheben. UGC fördert die Echtheit, erhöht das Vertrauen und hebt den praktischen Nutzen Ihrer Produkte hervor.

Influencer-Marketing-Magie: Arbeiten Sie mit relevanten TikTok-Influencern zusammen, die dieselben Werte und Ziele wie Ihr Zielmarkt und Ihr Unternehmen teilen. Nutzen Sie ihre Popularität und Autorität, um Ihre Waren aufrichtig und zugänglich zu vermarkten.

Live-Stream wie ein Profi: Um den Umsatz und die Einbindung des Publikums zu steigern, veranstalten Sie ansprechende Live-Übertragungen mit Influencer-Partnerschaften, Produktdemos, Sonderangeboten und Wettbewerben.

Abschließender Gedanke: Eine Harmonie der Leistung

Die perfekte Partnerschaft zwischen Shopify und TikTok bietet eine kraftvolle Symphonie für den Erfolg des E-Commerce. Durch die Nutzung der umfangreichen Funktionen von Shopify können Sie Ihr Online-Geschäft ganz einfach verwalten.

Kapitel Zwei

Einrichten eines E-Commerce-Shops auf TikTok: Einrichten eines Geschäftskontos auf TikTok

Der Aufbau einer starken Social-Media-Präsenz ist für Unternehmen, die in der sich ständig verändernden Welt des digitalen Handels erfolgreich mit ihrer Zielgruppe in Kontakt treten und interagieren möchten, von entscheidender Bedeutung. TikTok hat sich aufgrund seines phänomenalen Wachstums und seiner unübertroffenen Reichweite zu einer dominierenden Kraft im Social-Media-Marketing entwickelt. Sie bietet Unternehmen hervorragende Möglichkeiten, ihre Waren und Dienstleistungen einem großen und interessierten Publikum zu präsentieren. In dieser ausführlichen Untersuchung werde ich detailliert auf die Erstellung eines Geschäftskontos auf TikTok eingehen und Schritt-für-Schritt-Anleitungen geben, wie Sie diese leistungsstarke Plattform nutzen können, um einen Online-Shop zu eröffnen und den Umsatz zu steigern.

Die Einrichtung eines Geschäftskontos auf der TikTok-Plattform ist der erste Schritt zur Etablierung Ihres Online-Shops. Geschäftskonten verfügen im Gegensatz zu Privatkonten, die hauptsächlich für einzelne Benutzer gedacht sind, um persönliches Material mit Freunden und Followern zu teilen, über zusätzliche Funktionen und Fähigkeiten, insbesondere zur Förderung von Marketingkampagnen und E-Commerce.

Der erste Schritt beim Erstellen eines Geschäftskontos auf TikTok besteht darin, die App aus dem App Store oder Google Play Store herunterzuladen und auf Ihrem Smartphone zu installieren. Um auf Ihre Profileinstellungen zuzugreifen, gehen Sie in die untere rechte Ecke des Startbildschirms der App und drücken Sie die Schaltfläche „Ich". Sie können dann auf das Einstellungsmenü zugreifen, indem Sie auf das Menüsymbol mit den drei Punkten (Auslassungspunkte) in der oberen rechten Ecke des Bildschirms tippen. Scrollen Sie nach unten zur Option „Mein Konto verwalten" im Einstellungsmenü, klicken Sie darauf und wählen Sie „Wechseln zu". „Pro Account" aus der Liste der Möglichkeiten auswählen. Auf TikTok sind zwei

Arten von Geschäftskonten verfügbar: „Creator"-Konten, die für Benutzer oder Influencer gedacht sind, die Inhalte auf der Website veröffentlichen, und „Business"-Konten, die für Unternehmen und Organisationen gedacht sind, die Waren oder Dienstleistungen bewerben möchten. Sobald Sie ausgewählt haben Bei der Kontooption „Geschäft" werden Sie aufgefordert, die Kategorie auszuwählen, die am besten zu Ihrem Unternehmen passt.

Auf TikTok sind viele weitere Kategorien verfügbar, z. B. Technologie, Küche, Mode, Schönheit und mehr. Durch die Auswahl einer Kategorie, die der Branche oder Spezialität Ihres Unternehmens entspricht, kann TikTok Ihren Zielmarkt besser identifizieren und ihm Inhaltsempfehlungen geben. Nachdem Sie eine Kategorie ausgewählt haben, müssen Sie weitere Details zu Ihrem Unternehmen angeben, z B. Ihren Namen, Ihre Website-Adresse und Ihre Kontaktdaten. Benutzer können außerhalb der Plattform mit Ihnen in Kontakt treten und mehr über Ihr Unternehmen erfahren, indem sie diese Informationen in Ihrem TikTok-Profil sehen. Nachdem Sie die Datenschutzerklärung und die Nutzungsbedingungen gelesen haben, richten Sie Ihr

Unternehmenskonto ein, indem Sie auf die Schaltfläche „Bestätigen" klicken.

Sie haben auf TikTok ein Geschäftskonto erstellt. Dies ist ein großartiger erster Schritt zur Eröffnung eines Online-Shops und zur Kontaktaufnahme mit Millionen potenzieller Kunden auf einer der meistgenutzten Social-Media-Plattformen weltweit. Der erste Schritt, um einen E-Commerce-Shop zu etablieren und das enorme Potenzial von TikTok zur Umsatzsteigerung und Expansion Ihres Unternehmens zu nutzen, ist die Erstellung eines Geschäftskontos. Sie können eine starke Online-Präsenz auf TikTok aufbauen und seine robusten Funktionen und Tools nutzen, um effektiv mit Ihrer Zielgruppe in Kontakt zu treten, Ihre Produkte hervorzuheben und Conversions zu steigern, indem Sie die oben beschriebenen Schritt-für-Schritt-Anleitungen befolgen.

Konfigurieren Ihres TikTok E-Commerce-Shops: Konfigurieren und Personalisieren Ihres Online-Shops

In der schnelllebigen Welt des Online-Shoppings ist eine starke Social-Media-Präsenz für Unternehmen, die ihre Zielgruppe ansprechen und ihren Umsatz steigern möchten, unverzichtbar geworden. Mit seiner enormen Nutzerbasis und seinem fesselnden Content-Stil hat sich TikTok zu einer dominierenden Kraft im Bereich Social-Media-Marketing entwickelt und bietet Unternehmen außergewöhnliche Möglichkeiten, ihre Produkte hervorzuheben und auf neuartige Weise mit Kunden zu interagieren. In diesem ausführlichen Tutorial erfahren Sie, wie Sie Ihren E-Commerce-Shop auf TikTok einrichten und anpassen. Außerdem erhalten Sie Best Practices und Schritt-für-Schritt-Anleitungen, die Ihnen dabei helfen, Ihren Shop effektiv zu starten und aussagekräftige Ergebnisse zu erzielen.

1. **Nutzung der E-Commerce-Funktionen auf TikTok**: Bevor Sie Ihren Online-Shop erstellen können, müssen Sie unbedingt bestätigen, dass Sie Zugriff auf die E-Commerce-Tools von TikTok haben. Prüfen Sie, ob Ihr Konto ab 2024 für E-Commerce-Funktionen wie Shoppable-Werbung, In-Video-Shopping-Links und die TikTok-Shop-Funktion qualifiziert ist. Die

E-Commerce-Funktionen von TikTok können je nach Region und Art des Unternehmens unterschiedlich sein.

2. **Aktivieren von E-Commerce-Funktionen: Sobald Sie bestätigt haben, dass Ihr Konto für E-Commerce-Funktionen geeignet ist, müssen Sie diese Dienste in der TikTok-App aktivieren. Suchen Sie die Option zur Aktivierung von E-Commerce- oder Geschäftsfunktionen, indem Sie zu Ihren Kontoeinstellungen navigieren. Um E-Commerce-Funktionen für Ihr Konto zu aktivieren, befolgen Sie einfach die Anweisungen. Dadurch erhalten Sie Zugriff auf eine Vielzahl von Tools und Diensten, die Sie bei Ihren TikTok-E-Commerce-Bemühungen unterstützen sollen.

3. **Aufbau Ihres E-Commerce-Geschäfts: Da Sie nun Zugriff auf E-Commerce-Tools haben, können Sie mit der Konfiguration Ihres TikTok-E-Commerce-Geschäfts beginnen. Gehen Sie zunächst zu Ihren Profileinstellungen und suchen Sie nach Optionen zur E-Commerce- oder Storefront-Anpassung. Es ist möglich, dass TikTok Vorlagen oder Assistenten bereitstellt, die Ihnen

beim Aufbau Ihres Online-Shops und beim einfachen Hinzufügen von Produktlisten, Bannern und Werbematerial zu Ihrem Schaufenster helfen.

4. **Hinzufügen von Produktlisten**: Produktlisten, mit denen Sie Ihre Artikel direkt in Ihrem Profil anzeigen können, sind ein wesentlicher Bestandteil jedes TikTok-E-Commerce-Geschäfts. Laden Sie Bilder oder Videos Ihrer Artikel zusammen mit deren Preisen, Beschreibungen und anderen relevanten Informationen hoch, um Produktlisten zu erstellen. Um Ihre Artikel für potenzielle Käufer attraktiver zu machen, denken Sie darüber nach, ihre Eigenschaften und Vorteile durch auffällige Bilder und überzeugende Texte hervorzuheben.

5. **Anpassen Ihrer Storefront**: Gestalten Sie Ihre Online-Storefront einzigartig für Ihr Unternehmen, damit Kunden ein nahtloses Einkaufserlebnis haben. Dazu kann die Änderung des Layouts, der Farben und Schriftarten Ihres Profilbanners gehören, um ihn besser an den Stil Ihrer Marke anzupassen und das Erscheinungsbild Ihres Shops zu verbessern. Um die Aufmerksamkeit der Kunden zu erregen und die Interaktion zu fördern, denken Sie darüber nach,

bestimmte Artikel oder Werbeaktionen prominent in Ihrem Schaufenster zu präsentieren.

6. **Optimierung für Mobilgeräte**: Denken Sie daran, dass TikTok eine Mobile-First-Plattform ist, daher sollten Sie sicherstellen, dass Ihr Online-Shop mobilfreundlich ist. Stellen Sie sicher, dass Ihr mobiler Shop über klare Handlungsaufforderungen und benutzerfreundliche Navigationsmenüs verfügt und dass er sowohl ästhetisch ansprechend als auch einfach zu bedienen ist. Um Kompatibilität und Reaktionsfähigkeit zu gewährleisten und Kunden auf jeder Plattform ein einwandfreies Kauferlebnis zu bieten, testen Sie Ihre Storefront auf einer Reihe mobiler Geräte.

7. **Werbung für Ihr Unternehmen**: Um Kunden zu gewinnen und den Umsatz zu steigern, müssen Sie Ihr E-Commerce-Geschäft vermarkten, sobald es eingerichtet und personalisiert ist.

Nutzen Sie die Werbefunktionen von TikTok, wie zum Beispiel einkaufbare Werbung und gesponserte Beiträge, um Ihr Publikum zu erweitern und den Traffic für Ihr Unternehmen zu erhöhen. Erstellen Sie auch interessante Inhalte und präsentieren Sie

Ihre Waren auf einzigartige und fesselnde Weise, um Kunden zum Stöbern und Kaufen in Ihrem Shop zu verleiten.

Daher bedarf es einer sorgfältigen Vorbereitung, viel Liebe zum Detail und einem bewussten Ansatz bei Branding und Werbung, um Ihr E-Commerce-Geschäft auf TikTok aufzubauen und anzupassen. Sie können einen ansprechenden Shop aufbauen, der Kunden anzieht, den Umsatz steigert und Ihnen beim Erreichen Ihrer E-Commerce-Ziele hilft, indem Sie die oben genannten Verfahren befolgen und die E-Commerce-Tools von TikTok richtig nutzen. Ihre TikTok-E-Commerce-Website hat die Fähigkeit, sich in der sich ständig verändernden Welt des Online-Handels zu entwickeln und erfolgreich zu sein und mit der richtigen Planung und Ausführung zu einem wertvollen Aktivposten für Ihr Unternehmen zu werden.

Kapitel drei

Geschickt entwickeln am Scrollen: Leistungsstarke TikTok-Werbung für den Online-Handel erstellen

Erfolgreicher E-Commerce erfordert die Erstellung überzeugender Werbung in der schnelllebigen Welt von TikTok, in der die Aufmerksamkeitsspanne der Verbraucher kurz und der Wettbewerb intensiv ist. Mit den Kenntnissen und Fähigkeiten in diesem Kapitel werden Sie in der Lage sein, die Vielfalt der TikTok-Anzeigenformate effektiv zu nutzen und Ihre Botschaft so anzupassen, dass Sie Ihre Zielgruppe effektiv erreichen und konvertieren.

Enthüllung der TikTok-Werbeflotte
TikTok bietet eine Reihe dynamischer Anzeigentypen, die jeweils auf unterschiedliche Marketingziele zugeschnitten sind. Der erste Schritt

bei der Erstellung effektiver Werbekampagnen besteht darin, diese Optionen zu verstehen:
In-Feed-Anzeigen: Diese imitieren echtes Material, indem sie in Benutzer-Feeds eingefügt werden. Dies können kurze (60 Sekunden oder weniger) Videoanzeigen oder Bildanzeigen mit einem offensichtlichen Call-to-Action sein. Aufgrund ihrer großen Anpassungsfähigkeit eignen sich In-Feed-Anzeigen ideal zur Förderung Ihrer Marke, zur Präsentation von Produkten und zur Steigerung des Traffics in Ihrem Online-Shop.
Spark Ads: Diese fördern nutzergenerierte Inhalte (UGC), die Ihr Unternehmen oder Produkt hervorheben, indem sie die Kraft organischer Inhalte nutzen. Spark Ads steigern das Vertrauen und die Glaubwürdigkeit potenzieller Verbraucher, indem sie echte Erfahrungsberichte und Bewertungen präsentieren.
Top-View-Anzeigen: In den ersten Sekunden, nachdem ein App-Benutzer sie geöffnet hat, füllen diese Premium-Platzierungen den Bildschirm. Sie eignen sich perfekt für die Einführung neuer Artikel oder für einen großen Markeneindruck, da sie eine enorme Wirkung und Markenbekanntheit bieten.
Marken-Hashtag-Herausforderungen: In diesem interaktiven Stil werden Zuschauer dazu

ermutigt, einen vorgegebenen Hashtag zu verwenden, um ihre eigenen Filme zu erstellen. Marken-Hashtag-Herausforderungen bauen eine Community rund um Ihr Produkt auf, erhöhen die Markenpräsenz und erhöhen die Benutzerinteraktion erheblich.

Sammelanzeigen: Fesselnde Anzeigen, die viele Waren in einem Stück präsentieren. Zuschauer können ganz einfach zu Ihrem Online-Shop navigieren, um Einkäufe zu tätigen, indem sie durch Produktfotos oder -videos wischen, Informationen erkunden und Einkäufe tätigen. Produktlinien oder ausgewählte Kollektionen eignen sich ideal für die Vermarktung durch Kollektionswerbung.

Auswahl der passenden Waffe für den Kampf
Wenn Ihnen eine Vielzahl von Anzeigenformaten zur Verfügung steht, hängt das beste Format von Ihren individuellen Marketingzielen ab.

Hier finden Sie eine Zusammenfassung, die Ihnen bei der Entscheidungsfindung helfen soll:

Markenbekanntheit und Entdeckung: Aufmerksamkeitsstarke Werbung wie In-Feed-Werbespots, Top View-Werbespots und Branded Hashtag Challenges sind hervorragende

Möglichkeiten, Ihre Marke mehr Menschen bekannt zu machen.

Engagement und Gemeinschaftsaufbau:
Erstellen Sie eine Community rund um Ihre Waren, fördern Sie die Beteiligung der Benutzer und schaffen Sie Markentreue mit Spark Ads und Branded Hashtag Challenges.

Steigerung des Traffics und der Conversions:
Sammlungsanzeigen und In-Feed-Anzeigen mit offensichtlichen Handlungsaufforderungen vereinfachen das Benutzererlebnis, indem sie den Zuschauern das Entdecken, Erkunden und Kaufen Ihrer Artikel erleichtern.

Maximierung der Wirkung Ihres Werbemittels
Ebenso wichtig wie die Wahl des richtigen Formats ist die Erstellung wirkungsvoller Werbemittel.

Hier sind einige wesentliche Komponenten für den Erfolg:
Hängen Sie sie im ersten Bild auf: Da die Aufmerksamkeitsspanne der Zuschauer begrenzt ist,

wecken Sie ihr Interesse in den ersten Sekunden mit auffälligen Bildern, einer relevanten Erzählung oder einem lustigen Element.

Stellen Sie Ihre Produkte in Aktion vor: Geben Sie Beispiele dafür, wie Ihre Produkte das Leben verbessern, Probleme lösen oder einen Mehrwert schaffen. Um Glaubwürdigkeit und Vertrauen aufzubauen, nutzen Sie die Empfehlungen von Influencern, benutzergeneriertes Material und hochwertige Bilder.

Kurz und bündig: Schätzen Sie die rasante Umgebung von TikTok. Streben Sie innerhalb der Zeitvorgaben, die Ihr ausgewähltes Anzeigenformat zulässt, nach einer prägnanten und aussagekräftigen Botschaft.

Erkennen Sie die Kraft von Musik und Soundeffekten an: Diese Elemente können die emotionale Wirkung Ihrer Werbung erheblich steigern. Wählen Sie Komponenten aus, die gut zu Ihrer Marke passen und Ihren Zielmarkt ansprechen.

Fügen Sie einen klaren Call-to-Action hinzu: Geben Sie den Zuschauern an, was sie tun sollen, nachdem sie Ihre Anzeige gesehen haben. Machen Sie die beabsichtigte Aktion offensichtlich und einfach durchzuführen, sei es die Installation Ihrer

App, der Besuch Ihrer Website oder der Tätigung eines Kaufs.

Sie können das enorme Potenzial dieser Plattform für Ihr E-Commerce-Geschäft freisetzen, indem Sie die große Auswahl an TikTok-Anzeigentypen verstehen, Ihre Auswahl an Ihre Marketingziele anpassen und ein effektives Anzeigenmotiv erstellen. Denken Sie daran, dass effektive TikTok-Werbung von der Einhaltung der Grundwerte der Plattform abhängt: Kreativität, Authentizität und ansprechende Inhalte (CAC).

Bauen Sie Ihr Online-Geschäft auf: Erstellen Sie erfolgreiche TikTok-Werbekampagnen
Die Bewältigung des sich ständig verändernden TikTok-E-Commerce-Marktes erfordert eine kalkulierte Strategie. In diesem Kapitel geht es um den Kern der Erstellung und Umsetzung erfolgreicher TikTok-Werbekampagnen, damit Sie die Botschaft Ihrer Marke in eine ansprechende Kraft verwandeln können, die das Engagement und den Umsatz steigert.
Aufbau der Basis: Zielgruppenansprache und Kampagnenziele

Vor der Erstellung von Anzeigen ist es wichtig, einen klaren Entwurf zu erstellen. Daran sollten Sie fest glauben:

Festlegen Ihrer Kampagnenziele: Möchten Sie den Direktverkauf steigern, den Website-Verkehr steigern oder die Markenbekanntheit steigern? Die Identifizierung Ihres Kernziels bestimmt die Richtung Ihres gesamten Marketingplans.
Ihre Zielgruppe kennen: Es ist entscheidend, Ihren Zielkunden zu verstehen. Führen Sie eine detaillierte Zielgruppenrecherche durch, um Demografie, Interessen und Online-Aktivitätsmuster aufzudecken. Nutzen Sie die leistungsstarken Targeting-Funktionen von TikTok, um sicherzustellen, dass die reaktionsschnellsten Zuschauer Ihre Werbung sehen.

The War Room: Konfigurieren Sie Ihren Manager für TikTok-Anzeigen

Ihre Kommandozentrale für den Betrieb ist der TikTok Ads Manager. Im Folgenden finden Sie eine Zusammenfassung der wesentlichen Schritte:
Eröffnung eines TikTok Ads Manager-Kontos:

Mit diesem kostenlosen Konto können Sie Kampagnen erstellen, Budgets festlegen und die Leistung überwachen.
Erstellen Sie Ihre Kampagne:
Geben Sie das Ziel Ihrer Kampagne, die Grenzen Ihres Geldes und die Länge Ihrer Kampagne an.
Anzeigengruppen erstellen:
Identifizieren Sie Zielgruppensegmente oder Marketingziele. Dadurch wird die Optimierung und Steuerung präziser.
Auswahl Ihres Anzeigentyps: Wählen Sie, wie im vorherigen Kapitel beschrieben, den Anzeigentyp aus, der den Zielen Ihrer Kampagne am ehesten entspricht.

Erstellen Sie Ihr kreatives Werbearsenal: Erstellen Sie überzeugende Inhalte
Da nun die technischen Details geklärt sind, können Sie Ihrer Fantasie freien Lauf lassen:
Erstellen fesselnder Anzeigenkonzepte: Bedenken Sie, dass es eine Menge Kurzvideos gibt, die um die Aufmerksamkeit der Zuschauer wetteifern. Kreieren Sie Ideen, die fesselnd, emotional ergreifend oder unbeschwert sind.
Visuelles Storytelling: TikTok ist eine storybasierte Plattform. Präsentieren Sie Ihre Artikel

im Einsatz, schließen Sie Kundenempfehlungen ein oder nutzen Sie Influencer-Kooperationen, um relevante und authentische Geschichten zu erstellen.
Optimierung der mobilen Anzeige: Denken Sie daran, dass die Mehrheit der TikTok-Benutzer über Smartphones auf Inhalte zugreift. Stellen Sie sicher, dass das Creative für Ihre Anzeige richtig skaliert ist und ein reibungsloses Anzeigeerlebnis bietet.
Einschließlich starker Handlungsaufforderungen: Lassen Sie Ihr Publikum nicht in der Schwebe! Teilen Sie ihnen genau mit, was sie tun sollen – Ihre Website besuchen, weitere Informationen zu einem Produkt erhalten oder einen Kauf tätigen –, nachdem sie Ihre Anzeige gesehen haben.

Budgetzuweisung und Gebotsstrategien:
Das Geheimnis einer erfolgreichen Kampagne ist die Optimierung der Budgetzuweisung. Hier sind einige Dinge, über die Sie nachdenken sollten:
Gebotsstrategien: Mithilfe der verschiedenen Gebotsoptionen, die TikTok bietet, können Sie entscheiden, wie viel Sie für bestimmte Aktionen wie Klicks oder Conversions zu zahlen bereit sind.
Verteilung des Budgets: Verteilen Sie Ihre Mittel entsprechend ihrer Effektivität und möglichen

Kapitalrendite (ROI) sinnvoll auf verschiedene Anzeigengruppen und Formate.

Die letzte Grenze: Starten und Verfolgen Ihrer Anzeige
Nachdem Sie Ihre Kampagne nun sorgfältig entworfen haben, ist es an der Zeit, sie dem TikTok-Publikum zu präsentieren:
Kampagnenstart: Überprüfen Sie Ihre Einstellungen, stellen Sie sicher, dass alles funktioniert, und beginnen Sie gespannt mit Ihrer Kampagne.
Leistungsverfolgung: Nutzen Sie das vollständige Analysepaket von TikTok Ads Manager, um wichtige Kennzahlen zu überwachen, einschließlich Impressionen, Klicks, Conversions und Cost-per-Acquisition (CPA).
Kampagnenoptimierung: Verbessern Sie Ihre Kampagne kontinuierlich auf der Grundlage von Leistungsdaten. Um optimale Ergebnisse zu erzielen, optimieren Sie Ihre Budgetzuweisung, optimieren Sie die Targeting-Einstellungen und führen Sie A/B-Tests für verschiedene Anzeigenmotive durch.

Um effektive TikTok-Werbekampagnen zu erstellen, ist eine Kombination aus datengesteuerter Optimierung, kreativer Umsetzung und strategischer Planung erforderlich. Ihr E-Commerce-Unternehmen kann zu einer dominierenden Kraft auf TikTok werden, wenn es sich an diese Richtlinien und die Grundprinzipien der Plattform für Engagement und Unterhaltung hält. Denken Sie daran, dass der Schlüssel zum Erfolg darin liegt, Ihr Publikum zu kennen, ansprechende Inhalte zu erstellen und Ihren Plan regelmäßig anhand von Leistungsdaten zu ändern. Lassen Sie also Ihrer Fantasie freien Lauf, lassen Sie sich von Innovationen begeistern und sehen Sie, wie Ihre Marke mit der leidenschaftlichen TikTok-Community in Kontakt kommt.

Volltreffer: Mit TikTok-Anzeigen die richtige Zielgruppe für Ihre Produkte ansprechen
In der sich verändernden Welt des TikTok-E-Commerce ist die Erstellung ansprechender Werbung nur die halbe Miete. Die wahre Kraft liegt darin, sicherzustellen, dass Ihre Botschaft potenzielle Kunden erreicht, die wirklich an Ihrem Angebot interessiert sind.

In diesem Unterkapitel erhalten Sie die Tools, mit denen Sie Ihre Zielgruppe identifizieren und mithilfe der robusten Targeting-Funktionen von TikTok das Beste daraus machen können.

Die Mythen rund um das Zielgruppen-Targeting entlarven
Für den Erfolg jeder Marketingkampagne ist es wichtig, die richtige Zielgruppe zu erreichen. So können Sie mit TikTok eine laserähnliche Genauigkeit beim Zielen erreichen:
Demografisches Targeting:
Gehen Sie auf bestimmte demografische Daten wie Alter, Geschlecht, Standort, Wirtschaftslage und sogar Gerätetyp ein. Dadurch können Sie Ihre Botschaft so modifizieren, dass sie bestimmte demografische Gruppen anspricht.
Interessen-Targeting: Sprechen Sie Menschen nach ihren Interessen an, um über demografische Merkmale hinauszugehen. Nutzen Sie den riesigen Datenpool, den TikTok bietet, um gezielt Menschen anzusprechen, die Interesse an bestimmten Freizeitbeschäftigungen, Beschäftigungen oder Produktkategorien gezeigt haben. Wenn Sie beispielsweise Sportbekleidung anbieten,

konzentrieren Sie sich auf Menschen, die mit Übungsmaterial interagiert haben.

Behavior Targeting: Mithilfe dieser ausgefeilten Targeting-Funktion können Sie mit Personen in Kontakt treten, die die Plattform auf eine bestimmte Weise genutzt haben. Nutzer, die sich bereits mit Konkurrenzmaterial beschäftigt, Videos zu vergleichbaren Artikeln angesehen oder auf relevante Hashtags geklickt haben, sollten Ihre Zielgruppe sein.

Lookalike Audiences: Mit Hilfe dieses effektiven Tools können Sie ein breiteres Publikum erreichen, indem Sie sich auf Personen konzentrieren, die Ihrer aktuellen Kundschaft ähneln. Erstellen Sie eine „Lookalike Audience", indem Sie die Kundendaten verwenden, die Sie bereits gespeichert haben, um mehr Interessenten zu erreichen, die wahrscheinlich zu Kunden werden.

Verständnis des TikTok-Benutzerverhaltens
Das Verständnis des Nutzerverhaltens auf TikTok ist für ein effizientes Zielgruppen-Targeting unerlässlich, auch über die technischen Features hinaus:

Konsumgewohnheiten: Benutzer von TikTok interagieren proaktiv mit Material. Suchen Sie Zuschauer, die regelmäßig mit Inhaltsproduzenten in Ihrer Nische interagieren, sich Videos zu Ihrer Produktkategorie ansehen oder an für sie relevanten Herausforderungen teilnehmen.
Beliebte Sounds und Hashtags: Nutzen Sie beliebte Sounds und Hashtags in Ihrem Bereich. Indem Sie sich auf Menschen konzentrieren, die an diesen Trends teilhaben, können Sie von deren Beliebtheit profitieren und ein größeres Publikum erreichen, das offener für Ihre Botschaft ist.
Influencer-Marketing-Integration: Die Zusammenarbeit mit relevanten Influencern, die ein gemeinsames Interesse mit Ihrer Zielgruppe haben, kann ein wirksames Mittel sein, um diese Zielgruppe zu erreichen. Nutzen Sie Influencer-Marketing, um mit einem vorab engagierten Publikum in Kontakt zu treten, das die Empfehlungen des Influencers schätzt.

Entwicklung einer Targeting-Strategie über mehrere Dimensionen hinweg: Erfolgreiches Targeting erfordert eine vielschichtige Strategie, die Folgendes umfasst:

Layering-Targeting-Optionen: Erstellen Sie ein fokussiertes Netz, das Ihren idealen Verbraucher anspricht, indem Sie Demografie, Interessen, Verhaltensweisen und ähnliche Zielgruppen kombinieren.

Verwendung von A/B-Tests: Experimentieren Sie mit verschiedenen Targeting-Konfigurationen, um zu sehen, auf welche Ihre Zielgruppe am besten reagiert. Mit dieser datengesteuerten Methode können Sie Ihren Return on Investment (ROI) maximieren und Ihren Plan kontinuierlich verbessern.

Die Wirksamkeit von Retargeting
Unterschätzen Sie niemals die Wirksamkeit von Retargeting. Sie können auf TikTok mit Personen in Kontakt treten, die bereits mit Ihrer Marke interagiert haben – möglicherweise durch einen vorherigen Besuch Ihrer Website oder Ihrer Anzeige –, indem Sie Kontakt zu ihnen aufnehmen. Kampagnen zum Retargeting von Nutzern können sehr erfolgreich sein, wenn es darum geht, sie an Ihre Marke zu erinnern und sie zur Conversion zu ermutigen.

Präzises Targeting für erfolgreichen E-Commerce

Ihre TikTok-Werbung kann zu laserfokussierten Waffen werden, wenn Sie die Kunst der Zielgruppenansprache erlernen. Dadurch erreichen Sie potenzielle Verbraucher, die bereit sind, mit Ihrer Marke zu interagieren und treue Kunden zu werden. Denken Sie daran, dass effektives Targeting eine Kombination aus Studien zum Nutzerverhalten, Datenanalyse und fortlaufender Optimierung erfordert. Nutzen Sie die Targeting-Optionen von TikTok, um Ihrem E-Commerce-Unternehmen beim Wachstum und der Expansion zu helfen.

Die Alchemie der Konvertierung: Erstellen hochkonvertierender Werbemittel für den TikTok-E-Commerce
In der schnelllebigen Welt des TikTok-E-Commerce sind überzeugende Anzeigenkreationen das magische Elixier, das Zuschauer in zahlende Verbraucher verwandelt.
Dieses Unterkapitel befasst sich mit den Geheimnissen der Erstellung hochkonvertierender Anzeigentexte, um sicherzustellen, dass Ihre Botschaft eine tiefe Verbindung herstellt, die

Nachfrage nach Ihren Artikeln weckt und schließlich Verkäufe generiert.

Die Kunst des Geschichtenerzählens in Kurzform
Die Aufmerksamkeitsspanne ist bei TikTok kurz. Nutzen Sie Erzählungen, um Ihr Publikum in Sekundenschnelle zu fesseln. So erstellen Sie schnell und in kurzer Zeit eine spannende Geschichte:
Erfassen Sie sie im ersten Bild: Die ersten paar Sekunden sind wichtig. Um Besucher anzulocken und ihr Interesse zu wecken, verwenden Sie auffällige Bilder, eine realistische Sachlage oder einen Hauch von Komik.

Präsentationsgegenstände zur Lösung von Problemen:
Präsentieren Sie den Wert von Gegenständen, anstatt sie nur zur Schau zu stellen. Betonen Sie, wie Ihre Produkte das Leben verbessern, alltägliche Probleme angehen oder Routinen ein wenig verzaubern.

Bestehen Sie auf einer emotionalen Bindung:
Menschen kaufen aufgrund ihrer Gefühle ein. Präsentieren Sie glückliche Verbraucher, die Ihre

Waren nutzen, berührende Erfahrungsberichte oder urkomische Situationen, in denen Ihr Produkt eine entscheidende Rolle dabei spielt, positive Gefühle wie Freude, Begeisterung oder ein Zugehörigkeitsgefühl hervorzurufen.

Seien Sie authentisch:
Die Generation Z, die Mehrheit der TikTok-Nutzer, legt Wert auf Authentizität. Vermeiden Sie geplantes, hochglanzpoliertes Material. Nutzen Sie Influencer-Beziehungen, die authentisch und relevant wirken, oder verwenden Sie benutzergenerierte Inhalte (UGC), die zeigen, wie tatsächliche Personen Ihre Artikel verwenden.

Der Einfluss des visuellen Storytellings von TikTok
Jede gute TikTok-Werbung basiert stark auf ihrer visuellen Darstellung. So nutzen Sie sie optimal:
Außergewöhnliche Videoproduktion: Streben Sie nach gestochen scharfen, fesselnden Bildern, die Ihre Artikel optimal darstellen, auch wenn keine High-End-Filmaufnahmen erforderlich sind.

Schnelles Bearbeiten: Stellen Sie sicher, dass das Interesse der Zuschauer erhalten bleibt, indem Sie schnelle Schnitte, dynamische Schnitte und Übergänge verwenden, die ein Gefühl von Spannung und Dringlichkeit bewahren.
Live-Produktvorführungen: Zeigen Sie nicht nur Standbilder an. Präsentieren Sie Ihre Artikel im Einsatz und betonen Sie deren herausragende Eigenschaften und Vorteile. Um die Eleganz und Zweckmäßigkeit Ihrer Produkte hervorzuheben, verwenden Sie Nahaufnahmen, Zeitlupe und einzigartige Kamerawinkel.
Texteinblendungen einbinden: Texteinblendungen können wichtige Aspekte hervorheben und das Verständnis verbessern. Nutzen Sie aufmerksamkeitsstarke Schriftarten, die gut zu Ihrem gesamten Werbestil passen, und prägnante, klare Botschaften.

Der Drang zum Handeln: Ihr ultimativer Conversion-Booster
Nur mit einem wirksamen Call-to-Action (CTA) lassen sich die Conversion-Raten steigern.
So erstellen Sie eine funktionierende Lösung:
Details sind entscheidend: Geben Sie den Zuschauern an, was sie nach Ihrer Werbung tun

sollen. Möchten Sie, dass sie sich zu Ihrer Website durchklicken, eine App herunterladen oder etwas kaufen? Seien Sie präzise und unkompliziert.

Gefühl der Dringlichkeit: Verwenden Sie CTAs, die schnelles Handeln fördern, um ein Gefühl der Dringlichkeit zu vermitteln. Nutzen Sie Ausdrücke wie „Nicht verpassen", „Jetzt einkaufen" und „Zeitlich begrenztes Angebot".* **Einfache Implementierung:** Machen Sie es Besuchern einfach, auf Ihren Call-to-Action zu klicken. Fügen Sie leicht zu findende Download-Schaltflächen für Ihr Programm, offensichtliche Website-URLs oder einfache Anweisungen wie „Nach oben wischen, um mehr zu erfahren" hinzu.

Creative-Optimierung und A/B-Tests Ständige Optimierung ist das Geheimnis für die Erstellung von Werbemitteln, die gut konvertieren. So behalten Sie den Überblick:
A/B-Test verschiedener Variationen: Experimentieren Sie mit verschiedenen Anzeigentexten, Bildern, Call-to-Actions und Bearbeitungstechniken, um herauszufinden, auf welche Ihre Zielgruppe am besten reagiert. Nutzen Sie die A/B-Testfunktionen von TikTok, um

Informationen zu sammeln und Ihren kreativen Ansatz zu verbessern.

Bleiben Sie über Trends auf dem Laufenden: TikTok ist eine trendgesteuerte Plattform. Um Aufmerksamkeit zu erregen und auf der Welle der Viralität zu surfen, behalten Sie die Beliebtheit im Auge und integrieren Sie Trendelemente wie Musik, Herausforderungen oder Tanzbewegungen in Ihre Anzeigenkreationen.

Die Macht des Influencer-Marketings
Die Zusammenarbeit mit relevanten TikTok-Influencern könnte Ihre Werbekreationen grundlegend verändern. Dies ist der Grund, warum:
 Nutzung des etablierten Vertrauens: Influencer haben bei ihrem Publikum Vertrauen und Glaubwürdigkeit aufgebaut. Durch die Zusammenarbeit mit dem richtigen Influencer können Sie dessen aktuelle Beliebtheit nutzen und von der Unterstützung Ihrer Artikel profitieren.
Authentische Produktintegration: Die großartigsten Influencer-Kooperationen wirken natürlich und echt. Ermutigen Sie Influencer, Ihre Artikel auf eine Art und Weise zu präsentieren, die zu ihrem Stil und Inhalt passt und so eine reibungslose und echte Integration gewährleistet.

** Das Rezept für hochkonvertierende Anzeigen **
Das Erstellen visuell beeindruckender Anzeigen mit einem starken Call-to-Action und einer ansprechenden Erzählung ist eine Fähigkeit für die Erstellung hochkonvertierender TikTok-Anzeigenmotive. Indem Sie die Kraft von Kurzgeschichten nutzen, sich auf die visuelle Attraktivität konzentrieren und Ihre Strategie konsequent optimieren, können Sie Ihre TikTok-Werbespots in Magnete verwandeln, die Zuschauer anziehen und sie in treue Kunden verwandeln.

Die Daten entmystifizieren: Überwachen und untersuchen Sie die Ergebnisse Ihrer TikTok-Werbung, um den E-Commerce-Erfolg sicherzustellen

Die Erstellung effektiver Werbekampagnen ist nur der erste Schritt in der dynamischen Welt des TikTok-E-Commerce. Eine sorgfältige Überwachung und Analyse Ihrer Anzeigenleistung ist unerlässlich, um Ihren Return on Investment (ROI) zu maximieren und Ihr volles Potenzial auszuschöpfen. Dieses Kapitel vermittelt Ihnen die Fähigkeiten, die Sie benötigen, um sich erfolgreich in der Analyseumgebung des TikTok Ads Manager zurechtzufinden und Daten in Erkenntnisse umzuwandeln, die Ihr E-Commerce-Unternehmen voranbringen können.

Entdecken Sie die Leistungsfähigkeit von TikTok Ads Manager Analytics: Mit seinen umfangreichen Analysetools vermittelt Ihnen TikTok Ads Manager ein klares Bild der Effektivität Ihrer Kampagnen. Was Sie aus dieser Datengoldmine lernen können, ist Folgendes: Verfolgen Sie wichtige Daten wie Impressionen, Klicks, Conversions, Kosten pro Klick (CPC), Kosten pro Akquisition (CPA) und Klickrate (CTR), um sicherzustellen, dass Ihre Kampagne erfolgreich ist die beabsichtigte Leistung erbringt. Diese Daten geben Ihnen einen klaren Überblick über die Reichweite, den Grad des Engagements und die allgemeine Wirksamkeit Ihrer Werbung bei der Generierung von Verkäufen.

Zielgruppeneinblicke: Untersuchen Sie die Leistungsstatistiken, aufgeschlüsselt nach Geografie, Geschlecht, Alter und Gerätetyp, um weiter zu gehen. Auf diese Weise können Sie ermitteln, welche Zielgruppen für Ihre Botschaft am empfänglichsten sind, und Ihren Targeting-Ansatz entsprechend anpassen.

Content-Performance-Analyse: Untersuchen Sie die Wirksamkeit jedes einzelnen Anzeigenmotivs in Ihrer Kampagne. Ermitteln Sie, welche Anzeigen zu den meisten Klicks, Käufen und Conversions führen. Nutzen Sie diese Daten, um Ihren kreativen Ansatz zu entwickeln und die Botschaft zu priorisieren, die Ihre Zielgruppe am meisten anspricht.

Aufschlüsselung der Platzierungen: Untersuchen Sie die Leistung Ihrer Werbung auf TikTok über verschiedene Platzierungen hinweg, wie zum Beispiel den „Für Sie"-Feed oder In-Feed-Platzierungen. Sie können Ihren Return on Investment maximieren und Ihre Budgetzuweisung optimieren, indem Sie wissen, welche Platzierungen die besten Ergebnisse liefern.

Entscheidende Kennzahlen für den E-Commerce-Erfolg verstehen

Auch wenn es viele Indikatoren gibt, hängt der Erfolg im E-Commerce von der Konzentration auf Folgendes ab:

Conversions: Dieser Indikator zeigt, wie gut Ihre Anzeigen den Umsatz fördern. Sie wird häufig über Website-Käufe oder App-Downloads ermittelt. Machen Sie die Kampagnenoptimierung zur obersten Priorität, um die Conversions zu steigern.

Kosten pro Akquisition (CPA): Dieser Indikator zeigt Ihnen, wie viel es Sie normalerweise kostet, eine Conversion aus Ihrer Werbekampagne zu erzielen. Um sicherzustellen, dass Ihre Werbung eine gute Rendite abwirft, konzentrieren Sie sich auf die Reduzierung Ihres CPA.

Return on Ad Spend (ROAS): Diese Kennzahl zeigt, wie viel Geld Sie mit jedem Dollar verdienen, den Sie für Werbung ausgeben. Ein hoher ROAS zeigt an, dass die Umsätze, die Sie mit Ihrer Werbung generieren, lukrativ sind.

Daten nutzen, um kontinuierliche Verbesserungen voranzutreiben Die Verfeinerung Ihres Ansatzes mithilfe von Daten ist der entscheidende Punkt, an dem Analysen wirklich glänzen.

So setzen Sie Ihr Wissen in die Praxis um:

A/B-Testoptimierung: Nutzen Sie die Daten, um zu ermitteln, welche Budgetzuweisungen, Zielvorgaben oder Anzeigenmotive am besten funktionieren. Iterieren Sie Ihre Strategie und führen Sie fortlaufende A/B-Tests durch, um die bestmöglichen Ergebnisse zu erzielen.

Zielgruppenverfeinerung: Konzentrieren Sie Ihren Targeting-Ansatz auf die Interessen und demografischen Merkmale, die basierend auf Ihren Daten zu den besten Conversion-Raten führen. Beseitigen Sie erfolglose Zielgruppensegmente, um sicherzustellen, dass die reaktionsfähigsten Zuschauer Ihre Finanzierung erhalten.

Content-Iteration: Basierend auf der Datenanalyse können Sie ermitteln, welche kreativen Komponenten und Anzeigenformate für Ihre Zielgruppe am besten funktionieren. Nutzen Sie diese Daten, um Content-Aspekte auszuwählen, die das Engagement und die Conversions steigern, und um Ihre Content-Strategie zu verbessern.

Expertenanalysemethoden für einflussreiche Benutzer:
Der TikTok Ads Manager bietet Funktionen für umfassende Analysen.

Trichteranalyse: Mit diesem Tool können Sie erkennen, wo potenzielle Käufer während des Conversion-Prozesses zurückbleiben, indem Sie die User Journey visualisieren. Indem Sie diese Drop-off-Spots identifizieren, können Sie Engpässe beheben und Ihre Zielseiten oder das Benutzererlebnis verbessern, um bessere Conversions zu erzielen.*

Attributionsmodellierung: Diese hochmoderne Funktion hilft Ihnen, die vielen Berührungspunkte zu verstehen, die eine Conversion beeinflussen. Durch die Untersuchung von Attributionsdaten können Sie feststellen, ob Ihre Anzeigen der einzige Faktor sind, der die Conversions beeinflusst, oder ob sie andere Marketinginitiativen ergänzen.

Daten optimal nutzen

Durch den Einsatz der TikTok Ads Manager-Analyse erhalten Sie Zugriff auf eine Fülle von Informationen, die Ihnen helfen, die Effektivität Ihrer E-Commerce-Werbekampagnen zu maximieren. Wandeln Sie unverarbeitete Daten in nützliche Erkenntnisse um, verbessern Sie schrittweise Ihren Ansatz und sehen Sie, wie sich Ihre TikTok-Werbemaßnahmen zu wirksamen Katalysatoren für die Umsatzsteigerung und die Gewinnung neuer Kunden entwickeln. Denken Sie daran, dass Daten Ihr Freund sind. Nutzen Sie es zu Ihrem Vorteil, um immer einen Schritt voraus zu sein, kluge Entscheidungen zu treffen und sicherzustellen, dass Ihr E-Commerce-Unternehmen auf TikTok erfolgreich ist.

Kapitel Vier

Der Order Fulfillment Tango: Erfolgreicher TikTok-E-Commerce durch effiziente Auftragsabwicklung

Eine effektive Auftragsabwicklung ist die geschickte Aufgabe, die dafür sorgt, dass Ihre Kunden zufrieden sind und Ihr Unternehmen floriert. Mit den Informationen in diesem Kapitel können Sie Ihre Bestellabwicklungsprozesse optimieren und so eine pünktliche Lieferung und ein zufriedenstellendes Kundenerlebnis garantieren, das zu Folgegeschäften anregt.

Click to Delivery: Der Prozess der Auftragserfüllung
Für die Optimierung ist ein Verständnis des Auftragsabwicklungsprozesses erforderlich. Im Folgenden finden Sie eine Zusammenfassung der wesentlichen Schritte:
Benachrichtigung und Bestelleingang: Sie werden benachrichtigt, wenn ein Verbraucher etwas in Ihrem integrierten Online-Shop oder TikTok-Shop

kauft. Hierdurch wird die Bestellabwicklung eingeleitet.

Zahlungsabwicklung und Bestellbestätigung: Überprüfen Sie die Bestelldetails, wie z. B. Lieferadresse, Produktauswahl und Kundeninformationen. Stellen Sie sicher, dass das Geld sicher verarbeitet wird, und überprüfen Sie die Transaktion.
 Auswahl- und Bestandsprüfung: Überprüfen Sie, ob die von Ihnen gekauften Waren auf Lager sind. Um Produkte schnell zu identifizieren und auszuwählen, nutzen Sie ein gut organisiertes Lagersystem oder ein leistungsstarkes Bestandsverwaltungssystem.

Vorbereitung für Versand und Verpackung: Stellen Sie sicher, dass die Waren ordentlich und sicher verpackt sind, um sicherzustellen, dass sie während des gesamten Transports geschützt sind. Erstellen Sie Versandetiketten, ermitteln Sie die Versandkosten und wählen Sie ein zuverlässiges Versandunternehmen basierend auf Preis und Pünktlichkeit aus.

Auftragsverfolgungs- und Versanddetails: Versenden Sie die Bestellung über den ausgewählten Spediteur und gewähren Sie Ihrem Kunden so schnell wie möglich Zugriff auf die Sendungsverfolgungsdetails. Dadurch können Benutzer den Status ihres Produkts verfolgen und die Lieferung vorhersagen.

Optimierung des Workflows für die Auftragsabwicklung
Die Verkürzung der Bearbeitungszeiten und die Zufriedenheit Ihrer Kunden hängen von der Effizienz ab. Hier sind einige Methoden, um die Effizienz Ihres Unternehmens zu verbessern:

Investieren Sie in Software für die Bestandsverwaltung: Gehen Sie über Tabellenkalkulationen hinaus. Kommissionierungsrichtlinien, Lagerbestandsüberwachung und sogar die Integration mit Versanddienstleistern werden durch die Bestandsverwaltungssoftware automatisiert, was auch den Arbeitsablauf optimiert.

Erstellen Sie ein System zum Kommissionieren und Verpacken: Reservieren Sie bestimmte Räume zum

Verpacken und Auswählen. Reduzieren Sie die Zeit, die Sie mit der Suche nach Artikeln verbringen, indem Sie eine klare Methode zur Organisation Ihres Inventars einführen.

Auswahl in großen Mengen: Wenn Sie viele Bestellungen haben, sollten Sie über eine Stapelkommissionierung nachdenken. Wählen Sie Produkte gleichzeitig aus vielen Bestellungen aus, um Zeit zu sparen und den Verkehr im Lager zu reduzieren.

Typischer Packungsinhalt: Um den Verpackungsprozess zu beschleunigen, geben Sie Geld für hochwertiges Verpackungsmaterial in vorgefertigter Größe aus. Die Bestellabwicklung kann auch durch vorgedruckte Lieferscheine beschleunigt werden.

Partnerschaft ist entscheidend: Integrieren Sie Ihre Spediteurkonten, Ihr Bestandsverwaltungssystem und Ihre Online-Einzelhandelsplattform. Dadurch kann sogar die Eingabe menschlicher Daten entfallen, da die Erstellung von Etiketten und die Übermittlung von Bestelldaten automatisiert werden.

Eine effiziente Kultur schaffen
Neben Software und Infrastruktur ist es wichtig, eine effiziente Kultur zu pflegen. Hier einige Hinweise:
Klare Kommunikation: Stellen Sie sicher, dass die Fulfillment- und Vertriebsteams klar miteinander kommunizieren. Genaue Bestellinformationen und zeitnahe Benachrichtigungen über die Auftragserteilung sind für eine effektive Abwicklung unerlässlich.
Mitarbeiterschulung: Informieren Sie Ihr Personal über Bestandskontrolle, korrekte Verpackungsmethoden und Auftragsabwicklungsprotokolle. Ein kompetentes Team ist ein produktives Team.
Beobachtung der Leistung: Behalten Sie wichtige Daten zur Auftragsabwicklung im Auge, wie z. B. Kommissioniergenauigkeit und durchschnittliche Bearbeitungszeit. Lokalisieren Sie Engpässe und ergreifen Sie Abhilfemaßnahmen, um Ihre Produktivität weiter zu steigern.
Zusammenfassung der Effizienz: Eine effektive Auftragsabwicklung ist eine kontinuierliche Leistung, die Ihr Unternehmen mit den Anforderungen des TikTok-E-Commerce Schritt hält

und gleichzeitig Ihre Kunden zufriedenstellt. Sie können Ihren Auftragsabwicklungsprozess zu einem gut eingeübten Tanz machen, indem Sie die in diesem Kapitel besprochenen Taktiken in die Praxis umsetzen. Dies garantiert eine schnelle Lieferung, zufriedene Kunden und ein erfolgreiches Online-Unternehmen. Denken Sie immer daran, dass Effizienz ein ständiger Fortschritt ist. Um mit TikTok langfristig erfolgreich zu sein, sollten Sie daher Ihren Arbeitsablauf im Auge behalten, verfeinern und optimieren.

Förderung der Kundentreue: Glaubwürdigkeit in der sich verändernden TikTok-E-Commerce-Landschaft schaffen

Langfristiger Erfolg in der sich schnell verändernden Welt des TikTok-E-Commerce, in der Modeerscheinungen vorherrschen, hängt davon ab, einen treuen Kundenstamm aufzubauen und sein Vertrauen zu gewinnen. In diesem Unterkapitel werden die Taktiken und Verfahren untersucht, die zufriedenstellende Kundenkontakte fördern und seltene Kunden in engagierte Markenbotschafter verwandeln.

Die Transparenz- und Authentizitätsgrundlage des Vertrauens

Authentizität und Offenheit sind die Grundlagen des Vertrauens. So schaffen Sie ein starkes Fundament:

Korrekte Produktlisten: Stellen Sie präzise und ausführliche Produktbeschreibungen zusammen mit hervorragenden Bildern bereit. Geben Sie die Eigenschaften, Attribute und möglichen Einschränkungen des Produkts klar an.
Erreichbare Versandschätzungen: Haben Sie angemessene Versanderwartungen. Geben Sie voraussichtliche Liefertermine verständlich und offen an. Wenn möglich, sollten Sie zu wenig versprechen und zu viel liefern. Nutzergenerierte Inhalte (User Generated Content, UGC) anerkennen und wertschätzen: Nutzen Sie UGC, um tatsächliche Kundenerlebnisse zu präsentieren. Zeigen Sie Kundenstimmen und Bilder mit Ihren Produkten an,

um die Glaubwürdigkeit und den Social Proof zu erhöhen.
Benehmen Sie sich wie ein Mensch: Zeigen Sie die menschliche Seite Ihrer Marke ohne Angst. Antworten Sie auf TikTok auf Nachrichten und Kommentare mit einer persönlichen Note. Sprechen Sie mit Ihrem Publikum und bauen Sie eine Beziehung zu ihm auf.

Die Grundlagen der Kundenzufriedenheit: Halten Sie Ihre Worte
Um die Zufriedenheit der Kunden zu steigern, müssen ihre Erwartungen erfüllt werden. So erfüllen Sie Ihre Verpflichtungen:
Effektive Auftragsabwicklung: Bemühen Sie sich, Bestellungen schnell zu bearbeiten und termingerecht zu liefern. Um einen reibungslosen Abwicklungsprozess zu gewährleisten, setzen Sie die im vorherigen Kapitel „Bestellungen effizient bearbeiten" besprochenen Techniken in die Praxis um.
Eindeutige Kommunikation während des gesamten Prozesses: Stellen Sie sicher, dass Ihre Kunden in jeder Phase des Verfahrens informiert

sind. Es werden deutlich gekennzeichnete Kaufbestätigungen, Aktualisierungen des Versandstatus und schnelle Reaktionszeiten bei Fragen bereitgestellt.
Probleme schnell und höflich lösen: Es passieren Fehler, daher ist es wichtig, alle Probleme höflich und schnell zu lösen. Bieten Sie bei Bedarf Lösungen, Umtausch oder Rückerstattungen an, um zu zeigen, dass Sie sich für die Zufriedenheit Ihrer Kunden einsetzen.
Erreichen Sie, wann immer möglich, das Beste: Bemühen Sie sich zusätzlich, Ihre Kunden zufriedenzustellen und zu überraschen. Geben Sie Ihren Kunden spezielle Rabatte, eine handgeschriebene Dankesnachricht oder eine kleine Gratisprobe zum Kauf.

Die Stärke des Kundenservice: Verbindungen herstellen

Loyalität und Vertrauen werden durch außergewöhnlichen Kundenservice gefördert. So können Sie in diesem Bereich erfolgreich sein:
Viele Kommunikationskanäle: Bieten Sie eine Vielzahl von Kanälen für die Kommunikation mit Kunden an, darunter Live-Chat, E-Mail,

Nachrichten über soziale Netzwerke und sogar eine Telefon-Hotline.
Sensibilität und reaktive Unterstützung: Bringen Sie Ihren Kundenbetreuern bei, mit Einfühlungsvermögen auf Anfragen von Kunden zu reagieren. Achten Sie darauf, was sie zu sagen haben, und bemühen Sie sich, praktische Antworten zu finden. **Proaktive Problemlösung:** Mögliche Probleme vorhersehen und proaktive Maßnahmen zu deren Lösung ergreifen. Stellen Sie leicht zugängliche Kundensupportinformationen, häufig gestellte Fragen (FAQs) und explizite Rückgabe- und Rückerstattungsverfahren bereit.
Wichtige Kundeneingaben: Bitten Sie Ihre Verbraucher regelmäßig um Kommentare. Nutzen Sie Interaktionen, Bewertungen und Umfragen in sozialen Medien, um mehr über deren Anforderungen zu erfahren und Ihre Produkte und Dienstleistungen kontinuierlich zu verbessern.

Die Loyalitätsschleife: Dauerhafte Verbindungen pflegen

Programme zur Belohnung treuer Kunden können Ihnen dabei helfen, stärkere Beziehungen zu ihnen aufzubauen. Denken Sie über diese Taktiken nach:

Treueprogramme: Richten Sie ein Treueprogramm ein, das treuen Kunden frühzeitig Zugang zu neuen Artikeln, Rabatten, Punkten oder besonderen Anreizen bietet.
Personalisierte Kommunikation: Stellen Sie sicher, dass Ihre gesamte Korrespondenz mit Kunden einzigartig ist. Senden Sie mithilfe von Kundendaten personalisierte Geburtstagswünsche, Anreize und Vorschläge.
Gemeinschaften aufbauen: Entwickeln Sie ein Gemeinschaftsgefühl in Bezug auf Ihre Marke. Um das Gemeinschaftsgefühl zu fördern, veranstalten Sie ansprechende Live-Übertragungen auf TikTok, veranstalten Preise oder Wettbewerbe und fördern das Engagement der Verbraucher.

Der Tango des Vertrauens

Um das Vertrauen und die Loyalität Ihrer Kunden zu gewinnen, ist ein ständiger Tanz zwischen dem Verstehen, dem Übertreffen ihrer Erwartungen und der Erfüllung ihrer Bedürfnisse erforderlich. Sie können Ihr TikTok-E-Commerce-Unternehmen in einen Zufluchtsort des Vertrauens, des Glücks und der dauerhaften Kundentreue verwandeln, indem Sie Offenheit an den Tag legen, einer effektiven

Lieferung hohe Priorität einräumen und einen außergewöhnlichen Kundenservice bieten. Vergessen Sie nie, dass Ihre Kunden das Lebenselixier Ihres Unternehmens sind. Investieren Sie in den Aufbau einer guten Beziehung zu ihnen und beobachten Sie, wie Ihr Unternehmen auf der dynamischen Plattform des TikTok-E-Commerce floriert.

Durch das Labyrinth: Umgang mit Kundenfragen und Beschwerden für erfolgreichen TikTok-E-Commerce

In der schnelllebigen Welt des TikTok-E-Commerce, in der Verbraucherinteraktionen genauso schnell erfolgen können wie virale Trends, werden ein positives Unternehmensimage und die Kundenbindung erheblich verbessert, wenn Bedenken und Beschwerden umgehend beantwortet werden. Mit den Informationen und Techniken in diesem Kapitel werden Sie in der Lage sein, dieses Kundenservice-Labyrinth erfolgreich zu meistern und alle negativen Begegnungen in gute umzuwandeln, die Ihre Bindung zu Ihren Kunden stärken.

Die Szene kennen: Häufig gestellte Fragen und Probleme von Kunden
Der halbe Kampf ist gewonnen, wenn man bereit ist. Nachfolgend finden Sie eine Zusammenfassung einiger typischer Fragen und Beschwerden von Kunden, mit denen Sie möglicherweise konfrontiert werden:
Fragen zu Produkten: Verbraucher könnten Fragen zur Funktionalität, Kompatibilität, Größe oder Materialien des Produkts haben. Seien Sie bereit, mit Klarheit und fundiertem Wissen zu antworten.
Fragen zum Bestellstatus: Kunden möchten möglicherweise Fragen zum Fortschritt ihrer Bestellung stellen, einschließlich der Bearbeitungsphase, dem voraussichtlichen Liefertermin und der Empfangsbestätigung. Bieten Sie ein benutzerfreundliches Auftragsverfolgungssystem oder einen klaren Kommunikationskanal.
Fragen zur Lieferung: Kunden haben möglicherweise Fragen zu Versandkosten, voraussichtlichen Lieferplänen oder verfügbaren Versandoptionen. Geben Sie genaue Versanddetails an und ergreifen Sie proaktive Maßnahmen, um mögliche Probleme zu lösen.

Fragen zu Rückerstattungen und Rückgaben: Kunden möchten möglicherweise weitere Informationen zu Ihren Rückerstattungs- und Rückgaberichtlinien. Stellen Sie sicher, dass das Verfahren für Rückgabe, Umtausch und Schadensersatzansprüche in Ihrer Police beschrieben und leicht zugänglich ist.

Produktprobleme und Beschwerden: Kunden erhalten möglicherweise gelegentlich Produkte, die beschädigt sind oder Funktionsprobleme aufweisen. Stellen Sie ein definiertes Verfahren zur Behebung dieser Umstände bereit und stellen Sie bei Bedarf Rückerstattungen, Reparaturen oder Ersatz bereit.

Die Grundlagen einer effektiven Lösung: Die Kunst des aktiven Zuhörens

Der Grundstein effektiver Kundendienstinteraktionen ist aktives Zuhören. Im Folgenden sind einige entscheidende Taktiken aufgeführt:

Schenken Sie ihnen große Aufmerksamkeit: Wenn Sie mit einem Kunden interagieren, schenken Sie ihm Ihre ungeteilte Aufmerksamkeit. Vermeiden Sie Multitasking und konzentrieren Sie sich darauf, ihre Anliegen vollständig zu verstehen.

Erkennen Sie ihre Frustration an: Bestätigen Sie ihre Gefühle. Erkennen Sie ihre Frustration oder Enttäuschung an und fühlen Sie sich in ihre Situation hinein.
Umschreiben und bestätigen: Umformulieren Sie ihre Bedenken, um sicherzustellen, dass sie verstanden werden, und bestätigen Sie, dass Sie das Problem richtig verstanden haben.
Stellen Sie klärende Fragen: Scheuen Sie sich nicht, klärende Fragen zu stellen, um alle notwendigen Informationen zu sammeln, bevor Sie eine Lösung vorschlagen.
Effektive Lösungen entwickeln: Anfragen klären und Beschwerden bearbeiten
Ziel ist es, Anfragen und Beschwerden effizient und zufriedenstellend zu bearbeiten. So erreichen Sie dies:
Wissen ist Macht: Statten Sie Ihr Kundendienstteam mit fundierten Produktkenntnissen und einem umfassenden Verständnis Ihrer Rückgabe- und Rückerstattungsrichtlinien aus.
Angebotsoptionen: Bieten Sie nach Möglichkeit eine Reihe von Lösungen an, um auf die Anliegen des Kunden einzugehen. Dadurch

können sie die Option wählen, die ihren Bedürfnissen am besten entspricht.
Transparenz und Kommunikation: Halten Sie den Kunden während des gesamten Lösungsprozesses auf dem Laufenden. Kommunizieren Sie Verzögerungen, Änderungen oder Entscheidungen klar und unverzüglich.
Gehen Sie die Extrameile: Manchmal reicht ein kleiner zusätzlicher Aufwand aus. Erwägen Sie, als Zeichen des guten Willens einen Rabatt auf einen zukünftigen Kauf oder ein Ergänzungsprodukt zu gewähren.

Die richtigen Werkzeuge für den Job nutzen
Technologie kann die Kommunikation beschleunigen und Ergebnisse beschleunigen. Betrachten Sie diese Tools:
Live-Chat-Funktionalität: Bieten Sie Echtzeit-Chat-Support, um schnelle Anfragen zu beantworten und Bedenken umgehend auszuräumen.
Ticketing-System: Implementieren Sie ein Ticketing-System, um Kundenanfragen und Beschwerden zu verfolgen und sicherzustellen, dass kein Problem durchsickert.
Wissensdatenbank: Entwickeln Sie eine umfassende Wissensdatenbank mit häufig gestellten

Fragen, Produktinformationen und Anleitungen zur Fehlerbehebung, damit Kunden selbstständig Antworten finden können.

Die Kraft der Positivität: Negatives in Positives verwandeln
Selbst negative Interaktionen können in positive Erfahrungen umgewandelt werden. So gehen Sie herausfordernde Situationen an:
Behalten Sie ein professionelles Verhalten bei: Bleiben Sie ruhig, professionell und höflich, auch angesichts von Frustration oder Wut.
Entschuldigen Sie die Unannehmlichkeiten: Erkennen Sie alle Fehler oder Mängel an und entschuldigen Sie sich aufrichtig für die entstandenen Unannehmlichkeiten.
** Achten Sie auf Lösungen: ** Lenken Sie Ihre Aufmerksamkeit vom Problem auf die mögliche Lösung. Beschreiben Sie die Maßnahmen, die Sie ergreifen möchten, um die Dinge in Ordnung zu bringen.
Eingabe anfordern: Sobald das Problem gelöst wurde, holen Sie Kundeneingaben zu Ihrem Service ein. Nutzen Sie dieses Wissen, um Ihre Kundenservice-Strategie immer weiter zu verfeinern.

Fazit: Die Kundenservice-Symphonie
Die effektive Bearbeitung von Kundenanfragen und Beschwerden erfordert eine gut abgestimmte Symphonie aus aktivem Zuhören, klarer Kommunikation und Lösungsorientierung. Indem Sie Ihr Team mit dem richtigen Wissen, den richtigen Werkzeugen und einer positiven Einstellung ausstatten, können Sie diese Interaktionen in Möglichkeiten zur Stärkung der Kundenbeziehungen und zum Aufbau der Markentreue umwandeln. Denken Sie daran: Ein zufriedener Kunde ist ein treuer Kunde und Loyalität ist der Schlüssel zum langfristigen Erfolg in der sich ständig weiterentwickelnden Welt des TikTok-E-Commerce. Führen Sie Ihre Kundenservice-Symphonie also mit Bedacht durch und sorgen Sie dafür, dass Ihre Marke bei Ihrem Publikum positiv ankommt.

Kapitel fünf

Ein Blick in die Kristallkugel: Neue Entwicklungen, die die Zukunft des TikTok-E-Commerce beeinflussen

Die TikTok-E-Commerce-Branche ist ein dynamisches, sich ständig veränderndes und vielversprechendes Feld. In diesem Kapitel werden neue Trends untersucht, die wahrscheinlich Einfluss darauf haben werden, wie Menschen in Zukunft auf der Plattform einkaufen. Wir geben Ihnen die Tools an die Hand, die Sie benötigen, um immer einen Schritt voraus zu sein und von diesen spannenden Veränderungen zu profitieren.

Der Aufstieg des Live-Streamings: Ein episches Social-Shopping-Event
Auf TikTok nimmt der Kauf von Live-Streams schnell Fahrt auf und verwandelt die Website in einen geschäftigen Basar voller Menschen, die in Echtzeit interagieren. Folgendes können Sie erwarten:

Interaktive Produktdemonstrationen: Unternehmen werden Live-Streaming nutzen, um ihre Artikel zu präsentieren, sofort auf Anfragen von Zuschauern zu reagieren und das Einkaufen dynamischer und interessanter zu gestalten.
Influencer-Marketing auf Steroiden: Es wird noch häufiger Live-Streaming mit bekannten TikTok-Influencern geben. Um den Umsatz zu steigern, bringen diese zuverlässigen Personen neue Waren auf den Markt, bieten Sonderangebote an und vermitteln ein Gefühl der Dringlichkeit.
Unterhaltung und Gamification: Um das Interesse der Zuschauer aufrechtzuerhalten und zum Kauf anzuregen, werden Gamification-Funktionen wie Gratisgeschenke, Wettbewerbe und interaktive Umfragen in Live-Übertragungen integriert.

Der Einfluss lokaler Unternehmen: Loyalität durch gemeinsame Erfahrungen schaffen
Der Aufbau einer Community wird für den Erfolg des TikTok-E-Commerce in der Zukunft von entscheidender Bedeutung sein. Wie können Unternehmen von diesem Trend profitieren?

Marken-Hashtags und Herausforderungen: Nutzen Sie Marken-Hashtags und

Herausforderungen, um benutzergenerierte Inhalte zu bewerben. Kunden können zu Markenbotschaftern werden und so entsteht ein Gemeinschaftsgefühl.

Social Proof und Benutzerrezensionen: Heben Sie erfreuliche Kundenmeinungen und benutzergeneriertes Material mit zufriedenen Kunden hervor, die Ihre Artikel verwenden. Social Proof ermutigt Menschen, sich der Gesellschaft anzuschließen und fördert Vertrauen.

Belohnung einer beständigen Kundschaft: Richten Sie Treueprogramme ein, die treuen Kunden frühzeitig Zugang zu neuen Artikeln, exklusiven Community-Events oder exklusiven Rabatten bieten.

Die Verschmelzung der Realitäten: AR und VR werden zu Hauptakteuren Technologien wie Virtual Reality (VR) und Augmented Reality (AR) haben das Potenzial, das E-Commerce-Erlebnis von TikTok völlig zu verändern. Hier ist ein Blick auf das, was vor uns liegt:

Virtuelle Anprobe-Erlebnisse: AR-Filter ermöglichen es Käufern, Accessoires, Kosmetika oder Kleidung vor dem Kauf virtuell anzuprobieren, was zu besseren Urteilen und einem geringeren Prozentsatz an Retouren führt.

360°-Produkttouren: Mithilfe der virtuellen Realität (VR) können Verbraucher Dinge in einer 360°-Umgebung visuell untersuchen, wodurch das Einkaufen realistischer und ansprechender wird.

Die Verschmelzung der Realitäten: Der Aufstieg von AR und VR an die Spitze **
Kunden werden sich bei ihrer Kaufentscheidung sicherer fühlen, wenn sie dank der Augmented-Reality-Technologie Möbel oder Dekorationen in ihren eigenen vier Wänden sehen können, bevor sie einen Kauf tätigen.

Der Aufstieg des Conversational Commerce: Sprachassistenten und Chatbots vereinfachen den Einkauf Ein wichtiger Faktor für die Vereinfachung des Kauferlebnisses wird der Conversational Commerce sein.

So geht's:

Von KI gesteuerte Chatbots: Auf künstlicher Intelligenz (KI) basierende Chatbots können über die TikTok-Chat-Oberfläche auf Benutzeranfragen reagieren, Produkte vorschlagen und sogar Transaktionen durchführen.

Voice-Commerce-Integration: TikTok wird mit Sprachassistenten wie Google Assistant und Amazon Alexa verbunden. Dadurch können Benutzer mithilfe von Sprachbefehlen nach Waren suchen, Artikel in den Warenkorb legen und sogar Transaktionen abschließen.

Reibungslose Integration des Einkaufens: Die Grenzen zwischen Recherche, Stöbern und Kaufen werden stärker verschwimmen. Erwarten Sie einen reibungslosen Übergang, bei dem Verbraucher Waren finden, mit ihnen interagieren, um mehr über sie zu erfahren, und Transaktionen problemlos abschließen können.

Die Verschmelzung der Realitäten: Der Aufstieg von AR und VR an die Front
Für den TikTok-E-Commerce gibt es in der Zukunft eine Menge interessanter Möglichkeiten. Unternehmen sind in der Lage, dynamische und ansprechende Einkaufserlebnisse zu schaffen, die den Umsatz steigern und die Markentreue fördern, indem sie mit sich entwickelnden Trends Schritt halten und modernste Technologie einsetzen. Wie immer liegt das Erfolgsgeheimnis darin, flexibel und kreativ zu sein und immer nach neuen Methoden zu

suchen, um Ihr Publikum auf dieser dynamischen Plattform anzusprechen. Halten Sie also Ausschau nach Veränderungen, blicken Sie nach vorne und sehen Sie, wie Ihr TikTok-E-Commerce-Unternehmen durchstartet.

Mit der Zeit gehen: Wettbewerbsfähige Ansätze für die Zukunft des TikTok-E-Commerce
Der geschäftige Marktplatz des TikTok-E-Commerce ist ein dynamisches Umfeld. Um erfolgreich zu sein und eine Nische zu erobern, muss man der Konkurrenz immer einen Schritt voraus sein. In diesem Kapitel erfahren Sie innovative Taktiken, die Ihnen helfen, in der sich ständig verändernden Welt des TikTok-Geschäfts der Konkurrenz einen Schritt voraus zu sein.

Das Wettbewerbsumfeld verstehen

Um sich einen Vorteil zu verschaffen, müssen Sie die Märkte Ihrer Wettbewerber genau kennen. So erhalten Sie ein scharfes Bild:
Identifizieren Sie Ihre Hauptkonkurrenten: Suchen Sie nach Ihren direkten und indirekten

TikTok-Konkurrenten und kategorisieren Sie sie. Untersuchen Sie ihre Produktangebote, Preisstrukturen, Kundeneinbindungsstrategien und Content-Strategien.
Analysieren Sie ihre TikTok-Profile, Engagement-Raten, Follower-Demografien und beliebtesten Inhaltsformen, um tiefer in die Analyse einzusteigen. Bestimmen Sie ihre Vor- und Nachteile, um Ihren eigenen Ansatz zu leiten.
Benchmarking-Leistung: Überwachen Sie Ihre eigenen Leistungsindikatoren wie Konversionsraten, Engagement-Level und Follower-Wachstum. Vergleichen Sie diese Statistiken mit denen Ihrer Konkurrenten, um Bereiche zu finden, in denen Arbeit erforderlich ist.

Strategische und ansprechende Inhalte schreiben: Inhalte sind König (und Königin)
Das Erfolgsgeheimnis in der schnelllebigen Welt von TikTok liegt darin, ansprechendes Material zu erstellen. Im Folgenden finden Sie einige Tipps zum Erstellen strategischer Inhalte, die die Konkurrenz schlagen:
Trendjacking mit dem gewissen Etwas: Nutzen Sie beliebte Hashtags und Challenges, fügen Sie aber Ihr eigenes, unverwechselbares

Wertversprechen und Ihre eigene Markenidentität hinzu. Anstatt andere zu kopieren, erstellen Sie originelle, fesselnde Inhalte, die an Bedeutung gewinnen.

Resonantes Geschichtenerzählen: Erzählungen rufen bei Menschen eine Reaktion hervor. Erstellen Sie Geschichten, die Ihre Gebrauchsgegenstände in den Vordergrund stellen, deren Vorteile hervorheben und beim Publikum Emotionen wecken.

Akzeptieren Sie benutzergenerierte Inhalte (UGC): Motivieren Sie Kunden, Medien bereitzustellen, die Ihre Angebote hervorheben. UGC fördert die Echtheit, erhöht das Vertrauen und hebt den praktischen Nutzen Ihrer Produkte hervor.

Probieren Sie verschiedene Formate aus: Scheuen Sie sich nicht, verschiedene Inhaltsformate auszuprobieren, z. B. kurze Produktdemonstrationen, Blicke hinter die Kulissen, Influencer-Partnerschaften oder Anleitungen.

Anpassung ist lebenswichtig: Passen Sie Ihre Strategie an verschiedene Zielgruppen an

Eine einheitliche Strategie reicht nicht aus. Um eine optimale Wirkung zu erzielen, passen Sie Ihren Content-Ansatz wie folgt an:

Zielgruppensegmentierung: Teilen Sie Ihre Zielgruppe entsprechend ihren Kaufgewohnheiten, Interessen und demografischen Merkmalen in Gruppen ein. Dadurch können Sie Ihre Botschaft und Ihren Inhalt so anpassen, dass er bestimmte Kundengruppen anspricht.

Nutzen Sie die Targeting-Optionen von TikTok: Nutzen Sie die umfassenden Targeting-Funktionen von TikTok, um Ihre Inhalte gezielt an die Personen zu richten, die am wahrscheinlichsten an Ihren Angeboten interessiert sind.

Mikro-Influencer-Marketing: Arbeiten Sie mit relevanten Mikro-Influencern zusammen, die einen engen Bezug zu einem bestimmten Nischenmarkt haben. Im Vergleich zu weit verbreiteten Empfehlungen von Prominenten kann diese gezielte Strategie zu besseren Engagement- und Konversionsraten führen.

Erfolgreiche Optimierung: Datengesteuerte Entscheidungen für kontinuierliche Verbesserung: Arbeiten Sie niemals im Dunkeln.

So nutzen Sie Daten, um Ihren Ansatz zu verbessern:* **Überwachen Sie wichtige Leistungsindikatoren (KPIs)**: Achten Sie besonders auf wichtige Kennzahlen wie

Konversionsraten, Klickraten, Impressionen und Engagement-Raten.

Untersuchen Sie Leistungsdaten: Gehen Sie weiter, indem Sie ermitteln, welche Influencer-Beziehungen, Hashtags und Inhaltstypen die besten Ergebnisse liefern.

A/B-Tests sind Ihr Freund: Finden Sie heraus, welche Iterationen Ihrer Inhalte, Anzeigentexte und CTAs (Calls-to-Action) bei Ihrer Zielgruppe am besten ankommen, indem Sie sie kontinuierlich testen.

Umfassen Sie Experimente: Scheuen Sie sich nicht, neue Konzepte auszuprobieren und Ihre Strategie als Reaktion auf Daten und Publikumseingaben zu ändern.

Der Innovationsbedarf: Einsatz modernster Technologien

Der E-Commerce von TikTok hat eine glänzende Zukunft voller technischer Innovationen. So behalten Sie den Überblick:

Integration von Augmented Reality (AR): Nutzen Sie AR-Filter, um Käufern die Möglichkeit zu geben, Waren virtuell anzuprobieren oder zu sehen, wie sie in ihrer eigenen Umgebung aussehen könnten.

Conversational Commerce: Untersuchen Sie, wie auf künstlicher Intelligenz (KI) basierende Chatbots eingesetzt werden können, um Produktvorschläge zu machen, auf Verbraucheranfragen zu reagieren und den Kaufprozess zu beschleunigen.
Live-Stream-Shopping-Extravaganz: Um den Umsatz und die Einbindung des Publikums zu steigern, veranstalten Sie fesselnde Live-Streams mit Influencer-Partnerschaften, Produktdemos und interaktiven Funktionen wie Gratisangeboten und Wettbewerben.

Eine treue Gemeinschaft schaffen: Eine längere Kundenbindung fördern
Erfolg ist mehr als nur eine einzelne Transaktion. So schaffen Sie eine treue Anhängerschaft für Ihre Marke:* **Reagieren Sie auf Kommentare und Nachrichten:** Um aktiv mit Ihrem Publikum zu interagieren, stellen Sie sicher, dass Sie alle Kommentare und Nachrichten, die Sie erhalten, schnell und höflich beantworten.
Treueprämien: Richten Sie Treueprogramme ein, die wiederkehrende Einkäufe belohnen und ein Gemeinschaftsgefühl schaffen.

Die Höhen erklimmen: Methoden zum Ausbau Ihres E-Commerce-Imperiums auf TikTok
Der E-Commerce-Bereich auf TikTok hat enormes Entwicklungspotenzial. In diesem Kapitel erhalten Sie die neuesten Taktiken, die Sie benötigen, um Ihr Unternehmen über die derzeitigen Zwänge hinaus wachsen zu lassen und auf einer dynamischen Plattform beispiellosen Erfolg zu erzielen. **Eine langfristige Basis schaffen: Ihre Hauptfunktionen verbessern**Stellen Sie sicher, dass alle Ihre Kernaktivitäten ordnungsgemäß funktionieren, bevor Sie expandieren. Hier sollten Sie sich konzentrieren:* **Effektive Auftragsabwicklung:** Befolgen Sie die Richtlinien für eine effektive Auftragsabwicklung im vorherigen Kapitel (Effiziente Auftragsabwicklung). Geben Sie einer pünktlichen Lieferung und einer offenen Kommunikation mit den Kunden höchste Priorität.
Ausgezeichneter Kundenservice: Erstellen Sie einen Kundenserviceplan, der sich auf angenehme Interaktionen, zeitnahe Kommunikation und effektive Bearbeitung von Fragen und Beschwerden konzentriert (siehe Umgang mit Kundenanfragen und -beschwerden).
Nutzen Sie Daten zur Entscheidungsfindung und verfolgen Sie wichtige Leistungsindikatoren (KPIs),

um Bereiche zu ermitteln, in denen Verbesserungsbedarf besteht. Nutzen Sie Dateneinblicke optimal, um Ihren Gesamtansatz, Ihre Werbemaßnahmen und Ihre Content-Strategie zu verbessern.

Erweitern Sie Ihren Einfluss: Erfolgreiche Techniken zur Zielgruppengewinnung Die Gewinnung neuer Kunden ist für die Expansion von entscheidender Bedeutung.

Hier ein paar erfolgreiche Taktiken:

Organisches Materialwachstum: Produzieren Sie interessantes, gut geschriebenes Material, das Ihre Zielgruppe anspricht. Um eine solide organische Fangemeinde aufzubauen, nehmen Sie an Herausforderungen teil, nutzen Sie Storytelling und nutzen Sie beliebte Hashtags.

Bezahlte Werbung: Nutzen Sie die Werbetools von TikTok, um bestimmte Interessen, Verhaltensweisen und demografische Merkmale gezielt anzusprechen. Um Aufmerksamkeit zu erregen und Conversions zu fördern, verwenden Sie leistungsstarke Anzeigenlayouts und auffällige Bilder.

Influencer-Marketing: Stellen Sie ein Team relevanter TikTok-Influencer zusammen, die die

gleichen Werte wie Ihr Zielmarkt und Ihre Markenidentität teilen. Wenn es um die Engagement-Raten geht, übertreffen Mikro-Influencer häufig bekannte Werbetreibende.
Kooperationen und Cross-Promotion: Um neue Zielgruppen zu erreichen, arbeiten Sie mit YouTubern zusammen, um sie zu erreichen, oder arbeiten Sie mit komplementären Unternehmen für Cross-Promotion-Maßnahmen zusammen.

Diversifizierung von Inhalten: Untersuchung neuartiger Formate und Ansätze
Vermeiden Sie es, in eine Sackgasse zu geraten. So können Sie Ihren Ansatz zur Artikelerstellung variieren:
Probieren Sie verschiedene Formate aus: Gehen Sie über kurze Produktpräsentationen hinaus und untersuchen Sie längere Anleitungen, Blicke hinter die Kulissen, Lehrmaterialien oder humorvolle Sketche, die Ihre Artikel kreativ präsentieren.
Live-Stream-Shopping-Extravaganz: Um den Umsatz und die Einbindung des Publikums zu steigern, veranstalten Sie ansprechende Live-Streams mit Influencer-Partnerschaften, Produktdemos, Sonderangeboten, Frage-und-Antwort-Runden und spielerischen

Komponenten wie Werbegeschenken und Wettbewerben.

Power of User-Generated Content (UGC): Fördern Sie benutzergenerierte Inhalte, indem Sie Wettbewerbe oder Herausforderungen veranstalten, bei denen Kunden für die Produktion von Material belohnt werden, das Ihre Produkte hervorhebt. UGC fördert die Echtheit, erhöht das Vertrauen und hebt den praktischen Nutzen Ihrer Produkte hervor.

Skalierbarkeitsoptimierung: Nutzung von Technologie und Automatisierung

Technologie hat die Fähigkeit, das Wachstum zu beschleunigen und Prozesse zu vereinfachen. So machen Sie das Beste daraus:

Social-Media-Management-Tools: Planen Sie Ihre Inhalte, überwachen Sie Leistungsindikatoren plattformübergreifend und verwalten Sie Ihre Online-Präsenz effektiv mit Hilfe von Social-Media-Management-Tools.

Bestandsverwaltungssoftware: Stellen Sie sicher, dass Sie die Artikel auf Lager haben, um der steigenden Nachfrage gerecht zu werden, indem Sie eine zuverlässige Bestandsverwaltungssoftware verwenden, um die Lagerbestände zu überwachen und die Abwicklungsprozesse zu optimieren.

Analyse- und Berichtstools: Nutzen Sie diese Ressourcen, um mehr über die Demografie Ihrer Zielgruppe, die Wirksamkeit Ihres Materials und die Kampagne zu erfahren. Nutzen Sie diese Erkenntnisse, um Ihren Ansatz zu verfeinern und die Entwicklung zu maximieren.

Erstellen Sie ein erfolgreiches Team: Erweitern Sie Ihr Personal
Wenn Ihr Unternehmen wächst, denken Sie darüber nach, engagierte Mitarbeiter zusammenzustellen. Im Folgenden sind einige wichtige Rollen aufgeführt:
Content-Ersteller: Investieren Sie in qualifizierte Content-Produzenten, die mit der TikTok-Plattform vertraut sind und interessantes Material bereitstellen können, das Ihre Zielgruppe anspricht.
Kundendienstmitarbeiter: Erweitern Sie Ihre Kundendienstabteilung, um sicherzustellen, dass Beschwerden und Anfragen von Kunden zeitnah und kompetent bearbeitet werden.

Datenanalysten
Beauftragen Sie Datenanalysten, um Leistungsindikatoren zu analysieren, Muster zu erkennen und aufschlussreiche Analysen

bereitzustellen, um strategische Entscheidungen zu treffen.

Der Weltmarkt ist da: Untersuchung des internationalen Wachstums

Ihnen steht die ganze Welt zur Verfügung. Hier sind einige Möglichkeiten, wie Sie internationales Wachstum in Betracht ziehen können:

Lokalisierung ist der Schlüssel: Ändern Sie Ihr Produktangebot, Ihre Marketingstrategie und Ihre Inhaltsstrategie, um globale Verbraucher anzusprechen. Berücksichtigen Sie regionale Trends, kulturelle Besonderheiten und sprachliche Herausforderungen.

Einhaltung von Vorschriften: Bevor Sie sich an neue Länder wenden, stellen Sie sicher, dass Sie die Versandstandards und internationalen Handelsgesetze einhalten.

Partnerschaft mit lokalen Influencern: Unterstützen Sie lokale Influencer, die mit dem lokalen Kontext vertraut sind und in der Lage sind, Ihre Zielgruppe in bestimmten Bereichen erfolgreich anzusprechen.

Die Symphonie im Maßstab

Das effektive Wachstum Ihres TikTok-E-Commerce-Unternehmens erfordert eine gut ausgearbeitete Mischung aus Taktiken. Um Ihren Wachstumssong zum Besten zu geben, müssen Sie Ihre Kernprozesse optimieren, Ihr Publikum vergrößern, Ihr Material diversifizieren, Technologie einsetzen und ein engagiertes Personal zusammenstellen. Denken Sie daran, dass der E-Commerce von TikTok eine glänzende Zukunft vor sich hat.

Die sich verändernde Zugabe: Wichtige Lektionen und abschließende Bemerkungen zu den Aussichten für den TikTok-E-Commerce

Die E-Commerce-Branche von TikTok ist eine dynamische, sich ständig weiterentwickelnde Plattform voller Möglichkeiten. Hier ist eine aussagekräftige Zusammenfassung der wichtigsten Erkenntnisse und Abschiedsreflexionen, die Ihnen auf Ihrem Weg helfen sollen, während wir zu einem Abschluss dieser Erkundung kommen:

Die Macht der Daten
Der Schlüssel zum Erfolg im TikTok-E-Commerce sind Daten. Wenn Sie wichtige Kennzahlen wie Impressionen, Engagement-Raten und Konversionsraten genau im Auge behalten, erhalten

Sie wichtige Informationen darüber, was Ihr Publikum anspricht und wo noch gearbeitet werden muss. Nutzen Sie diese Informationen, um den Erfolg Ihrer Bemühungen zu bewerten, Ihre Targeting-Strategie zu verbessern und Ihren Content-Plan zu optimieren. Akzeptieren Sie A/B-Tests und hören Sie nie auf zu experimentieren, um die besten Kombinationen zu finden, die Ihr Unternehmen wachsen lassen.

Gemeinschaft und Vertrauen aufbauen
Langfristiger Erfolg in der vergänglichen Welt der sozialen Medien basiert auf Gemeinschaft und Vertrauen. Seien Sie bei der Beschreibung Ihrer Produkte wahrheitsgemäß, bei der Schätzung der Lieferzeiten konservativ und im Umgang mit Kunden aufgeschlossen. Fördern Sie benutzergenerierte Inhalte, veranstalten Sie interaktives Live-Streaming und belohnen Sie treue Kunden, um ein Gemeinschaftsgefühl aufzubauen. Die Priorisierung der Entwicklung einer Gemeinschaft und des Vertrauens legt den Grundstein für dauerhafte Kundenbeziehungen und stetiges Wachstum.
Das Content-Dilemma Der König (oder die Königin) des TikTok-E-Commerce sind

überzeugende Inhalte. Gehen Sie über einfache Produktpräsentationen hinaus und erstellen Sie überzeugende Geschichten, die die Vorteile Ihrer Produkte hervorheben. Versuchen Sie, mit verschiedenen Formen zu experimentieren, wie zum Beispiel kurzen Produktvorführungen, lehrreichen Tutorials oder einprägsamen Skizzen, die die Zuschauer in den Bann ziehen. Akzeptieren Sie die Kraft der Erzählung, nutzen Sie beliebte Hashtags und haben Sie keine Angst davor, ein wenig Eigenes Ihrer Marke hinzuzufügen Persönlichkeit in Ihrem Content-Mix. Denken Sie daran, dass Aufrichtigkeit Eindruck macht.

Die Revolution in der Technologie: Der E-Commerce von TikTok ist in Zukunft stark auf technische Verbesserungen angewiesen. Kunden können dank Augmented Reality (AR) Dinge digital anprobieren oder vor Ort sehen. KI-Chatbots, die Conversational Commerce ermöglichen, werden die Kommunikation beschleunigen und einen schnellen Kundenservice bieten. Extravagante Live-Streaming-Einkäufe machen das Einkaufen zu einem gemeinschaftlichen und partizipativen Ereignis. Um immer einen Schritt voraus zu sein und Ihren Kunden ein einwandfreies

Einkaufserlebnis zu bieten, nutzen Sie diese Spitzentechnologie.

Übernehmen Sie die Verantwortung für Ihre Zukunft, gestalten Sie Ihren Kurs
Der E-Commerce von TikTok hat eine ungeschriebene Zukunft voller Möglichkeiten, die nur darauf warten, entdeckt zu werden. Auf dieser faszinierenden Plattform können Sie Ihr eigenes Schicksal bestimmen, indem Sie mit neuen Trends Schritt halten, Ihren Ansatz an das sich verändernde Umfeld anpassen und immer nach neuen Ansätzen suchen, um Ihr Publikum einzubeziehen. Machen Sie also das Beste aus Daten, fördern Sie ein Gemeinschaftsgefühl und Vertrauen, stellen Sie ansprechende Inhalte bereit und begrüßen Sie technologische Innovationen. Sie können Ihre TikTok-E-Commerce-Präsenz in eine boomende Erfolgsgeschichte verwandeln, indem Sie diese Leitideen befolgen. Vergessen Sie nie, dass die Zukunft Ihnen gehört; Hinterlassen Sie Ihren Eindruck in der sich schnell verändernden TikTok-E-Commerce-Landschaft.

www.ingramcontent.com/pod-product-compliance
Lightning Source LLC
Chambersburg PA
CBHW070155230526
45471CB00002B/674